Dangers spirituels

Dag Heward-Mills

Parchment House

Titre original : *Spiritual Dangers*
Publié pour la première fois en 2013
par Parchment House

Version française publiée pour la première fois en 2013
par Parchment House
Quatrième impression en 2015

Traduit par : Professional Translations, Inc.

Pour savoir plus sur Dag Heward-Mills
Campagne Jésus qui guérit
Écrivez à : evangelist@daghewardmills.org
Site web : www.daghewardmills.org
Facebook : Dag Heward-Mills
Twitter : @EvangelistDag

ISBN : 978-9988-8552-3-9

Table des matières

Chapitre 1

Pourquoi certaines choses doivent être faites en premier

Les mauvaises priorités sont de grands dangers pour les Chrétiens. Lorsque vous êtes un pécheur, vous devez choisir entre deux options : le bien et le mal. Au fur et à mesure que vous progressez dans le Seigneur, vos options augmentent et vous commencez à avoir plus de choix.

Cette fois-ci, vous ne devez pas choisir entre le bien et le mal, mais entre le bien et le bien. En termes de ce qu'il faut faire, il y a très souvent plusieurs bonnes choses à choisir. Lorsque vous arrivez à ce stade, il est important que vous compreniez le concept de priorités: « Que dois-je faire en premier ? » Jésus nous a donné une grande révélation au sujet de certaines choses qui doivent être faites avant les autres.

Il est intéressant d'apprendre le nombre de choses dont Jésus a dit qu'elles doivent être faites en premier. Lorsque Jésus parlait de la première chose ou de tout ce qui vient en premier, Il utilisait le mot grec **proton**. Dans ce livre, nous jetons un regard sur la notion de proton ; *les choses dont Jésus a dit qu'elles doivent être faites en premier*.

En tant que Chrétien, vous devez faire les premières choses en premier. Premières choses en premier signifie premières en temps, ordre, nombre, rang et valeur.

Un Chrétien doit faire les choses les plus importantes en premier.

Pourquoi est-ce-que certaines choses doivent être faites en premier ?

1. Toute chose qui n'est pas faite en premier semble perdre sa signification.

Dieu est très patient avec nous. Beaucoup Lui ont désobéi sans avoir été punis, en apparence. L'importance de la Parole de Dieu semble s'estomper à mesure que nous continuons dans la désobéissance. Très vite, ce qui est plus important que tout devient méprisé et sans intérêt.

Aujourd'hui, j'exerce mon ministère sous l'onction et nombreux sont ceux qui me respectent à cause du ministère. Mais si je n'avais pas obéi à Dieu quand je l'ai fait, j'aurais peut-être vécu ma vie normalement en tant que médecin. Les discussions sur l'appel de Dieu auraient paru insignifiantes et sans intérêt.

Assis parmi mes collègues médecins dans divers hôpitaux, l'idée d'être un pasteur aurait semblé ridicule. J'aurais dit à mes amis : « Permettez-moi de vous faire part d'une idée idiote que j'ai eue jadis. Saviez-vous qu'autrefois, j'ai voulu être pasteur ? Quand nous étions plus jeunes, nous étions trop spirituels et irréalistes. »

N'avez-vous jamais rencontré des adultes qui ont dit qu'ils avaient initialement envisagé la prêtrise ? Dans leur vieillesse, ils essaient de rattraper leur désobéissance à travers leurs enfants.

Je connais un homme qui a tenté de forcer l'un de ses enfants à devenir prêtre.

Il a dit à son fils : « Dieu m'a appelé à être prêtre, mais je ne l'ai pas fait. Deviens ce prêtre et je te donnerai des biens et de l'argent afin que tu ne manques de rien. » À la fin de leur vie, ils cherchent désespérément à se rattraper d'une vie de non-conformité et de non-coopération avec Dieu.

Cher ami, je peux vous assurer que plus vous marchez dans vos propres voies, plus le contrôle de Dieu sur vous semblera distant et irréaliste. Il y a une raison au *proton*.

Proton, faire les premières choses en premier, vous préserve de la tromperie. Dieu prendra soin de vous et sera avec vous lorsque vous baignerez dans Sa volonté.

2. Tout ce qui n'est pas fait en premier pourrait ne jamais être fait.

Retard signifie souvent annulation. Tout ce qui n'est pas fait en premier pourrait ne jamais être fait. Je ne savais pas que retarder quelque chose pouvait effectivement conduire à son annulation.

Un jour, je devais faire un voyage de Londres à New York pour le ministère. En effet, il était prévu que j'accomplisse le ministère dans le Maryland cette nuit-là. Malheureusement, j'ai pris un vol très tôt de l'aéroport de Heathrow à Londres, pour Amsterdam, puis il me fallait rallier New York à partir d'Amsterdam. Je ne sais trop comment, j'ai eu du mal à croire l'heure que j'ai vue sur mon billet. Je pensais que c'était trop tôt pour être vrai.

Quand je suis arrivé à l'aéroport, pour la première fois de ma vie, j'étais trop en retard pour l'enregistrement ou pour embarquer à bord de l'avion. J'avais manqué l'heure de l'enregistrement de près d'une vingtaine de minutes. J'étais déçu. J'ai dû attendre le prochain vol pour Amsterdam !

« Vous ne pouvez pas prendre votre premier vol pour New York, mais vous pouvez en prendre un autre plus tard », m'ont-ils dit. Je me suis rendu compte en regardant l'heure que je pouvais encore me rendre à New York et tout juste à temps pour prendre la route pour le Maryland. Alors j'ai appelé New York, j'ai informé le pasteur quand je devais arriver et je lui ai dit que nous devrions partir rapidement pour le Maryland. Je l'ai assuré que nous étions dans les temps et que le programme serait sûrement respecté malgré le léger retard.

À Amsterdam, j'ai embarqué avec confiance, à bord de mon avion pour New York tout en sachant qu'il décollerait incessamment et que je serais en route. Après un moment, regardant par la fenêtre, j'ai vu des gens pulvériser les ailes de l'avion. Puis vint l'annonce : « Il y a tant de glace sur le moteur qu'il ne serait pas prudent de décoller. Cela nous prendra une heure pour l'en débarrasser. Nous vous remercions pour votre indulgence ».

J'ai fait un autre calcul et j'ai eu l'impression que je pouvais toujours arriver à temps au Maryland pour le programme. Toute l'église serait en train de m'attendre. Cela faisait des semaines qu'ils m'attendaient. Malheureusement, il ne devait pas en être ainsi.

Une fois le problème de la glace résolu, un autre survint, générant encore plus de retard. Ils annoncèrent que les toilettes de l'avion ne fonctionnaient pas et qu'ils devaient les réparer. Je n'avais jamais entendu dire que les toilettes d'un avion ne fonctionnaient pas, pourtant cela m'arrivait en direct ! Cela prit encore deux heures supplémentaires avant que nous soyons prêts pour le décollage.

Angoissé, je me suis assis, pendant que les minutes s'écoulaient, imaginant combien de personnes se seraient rassemblées pour le programme. Finalement, je me suis résigné à admettre que le programme serait annulé parce que je n'y serais pas à temps. Assis dans mon siège, j'ai réfléchi à la manière dont le retard de vingt minutes à Londres avait annulé mon programme tout entier.

C'est à ce moment que le Seigneur m'a parlé : « Vois-tu que retard peut signifier annulation ? »

Le Seigneur m'a montré que ne pas Lui obéir immédiatement pourrait me conduire à ne jamais faire Sa volonté ! Le Seigneur m'a montré qu'il a permis que je traverse cette épreuve afin que j'apprenne que ne pas obéir immédiatement à Sa volonté conduit parfois à ce que je ne le fasse jamais.

Beaucoup de ceux qui ont l'intention d'obéir à Dieu ne le feront jamais à cause du fait qu'ils ont placé les mauvaises choses en premier. Leur mariage, leur doctorat, leurs diplômes et leur voyage de cinq ans à l'étranger, tout vient avant l'obéissance au Seigneur. L'obéissance à Dieu, qu'ils mettent à la deuxième place ne s'est jamais matérialisée.

J'ai observé avec tristesse des gens qui auraient dû être à plein temps dans le ministère, le reporter toujours à plus tard jusqu'à ce qu'ils accomplissent un certain nombre de choses. Malheureusement, ce retard les a définitivement empêchés de servir le ministère à plein temps. Ce que les gens ne comprennent pas, c'est qu'avec le temps, les circonstances changent tellement que la volonté de Dieu ne semble plus réaliste.

Retard signifie souvent annulation, mais beaucoup ne le savent pas. Dieu vous a t-il parlé ? Qu'est ce qu'Il vous a demandé de faire ? Peut-être que l'obéissance à Dieu n'est pas proton pour vous.Peut-être mille différentes choses passent avant votre obéissance au Seigneur.

3. C'est une injure de donner la seconde place à ce qui devrait avoir la priorité.

Beaucoup ne comprennent pas que c'est insultant de faire de Dieu votre seconde ou troisième option.

Un jour, pendant que je prêchais, j'ai identifié de nombreuses jeunes femmes qui n'avaient pas d'époux.

Je leur ai suggéré de se marier avec un gentil jeune homme dans l'église. Elles ont toutes refusé.

« Pourquoi ne voulez-vous pas l'épouser, n'est-il pas beau ? »

« Si » répondirent-elles.

« Est-il spirituel ? »

« Oui. Il est même pasteur. »

« N'a-t-il pas une voiture et une maison ? »

« Si. En effet, sa voiture est très belle. »

« Alors pourquoi est-ce qu'aucune de vous ne veut l'épouser ? »

« Parce qu'il a déjà une épouse. » répondirent-elles.

J'ai poursuivi en disant : « Mais vous pouvez être sa seconde épouse ? »

En chœur, elles s'écrièrent toutes : « Pas question, non, nous ne serons pas secondes épouses, nous voulons être numéro un. »

Elles se sont senties insultées que je leur offre la seconde position. Elles voulaient être épouses, mais pas secondes épouses. Ces dames voulaient être épouses, mais à la seule condition qu'elles soient les premières et uniques épouses. C'est ainsi ce que ressent Dieu. Il sait que nous Le servirons, mais Il veut que nous le servions en premier. C'est en effet insultant de placer Dieu après toute chose ! Malheureusement, Dieu est constamment relégué à la seconde, troisième and parfois dixième place d'importance. Il est temps que Dieu prenne sa position proton (la première) dans votre vie.

4. Les problèmes abondent lorsque ce qui doit passer en premier devient second.

Lorsque quelque chose qui est censé être fait en second est fait en premier, beaucoup de choses tournent mal. Un jour, j'étais dans un pays africain et mon hôte m'amena au cimetière. J'étais surpris des tombeaux frais qui remplissaient progressivement l'espace. Pendant un dîner avec un autre ami pasteur, il me fit part du nombre incroyable de funérailles qu'il célébrait dans la ville. Il m'a dit qu'ils avaient tant de funérailles que les pasteurs n'en célébraient plus désormais. Les funérailles étaient si nombreuses que les chefs de cellule avaient la responsabilité de diriger les services funéraires des membres de l'église.

J'écoutais avec stupéfaction. Il a poursuivi en expliquant comment ils n'enterraient plus les personnes allongées à cause du manque d'espace dans le cimetière. Il a décrit la façon dont ils les enterraient à la verticale, debout ! Les cercueils étaient placés verticalement dans le sol pour économiser l'espace. En d'autres termes, les cadavres seraient debout, plutôt que couchés. Je me suis dit : « Dans une telle situation » , dit-on, « restez debout en paix » , ou « reposez en paix » ?

Quelle était la cause de cette vague de morts sans précédent dans ce pays ? Pourquoi tant de gens mouraient ?

La réponse était simple: la deuxième chose était placée avant la première chose. Le sexe arrivait avant le mariage. Le sexe est censé n'être pratiqué qu'après le mariage. Dans ce pays, le sexe était une expérience se produisant largement en dehors du cadre du mariage. Une vague de morts avait balayé cette nation, car la première chose était devenue la deuxième et la seconde chose, la première.

Chapitre 2

Pourquoi le royaume de Dieu doit être votre première passion

Cherchez premièrement (PROTON) le royaume de Dieu et la justice; et toutes ces choses vous seront données par-dessus.

Mathieu 6:33

Dieu veut s'octroyer la première partie de la vie de tout un chacun. La première partie de nos vies est la saison de la productivité. C'est la période pendant laquelle les gens abondent dans la foi, l'espérance, l'amour et la fertilité.

Cherchez le royaume de Dieu avant de chercher votre royaume personnel de richesse, de confort et de sécurité. Il y a plusieurs raisons pour lesquelles le royaume de Dieu doit être recherché d'abord et dans la première partie de votre vie.

1. **Le royaume de Dieu requiert un début précoce. Le royaume des cieux requiert également beaucoup de temps et d'attention.**

La caractéristique commune des grandes églises est que le pasteur est en fonction depuis de nombreuses années. Il faut beaucoup de temps pour développer une congrégation du stade d'association à celui de méga-église. Si vous pensez que l'œuvre de Dieu peut être faite en quelques semaines ou mois, vous vous trompez, et la vérité n'est point en vous. Il faut plusieurs années pour qu'une chose importante soit accomplie dans le ministère.

Permettez-moi de vous donner un exercice. Prenez n'importe quel grand ministère bien connu et essayez de trouver quand le pasteur a réellement commencé son ministère. Jésus Lui-même a commencé la préparation au ministère dès l'enfance. Samuel le prophète fut conduit au temple tout enfant. La préparation prend de nombreuses années.

C'est pourquoi les Lévites devenaient prêtres seulement à l'âge de trente ans.

> **Depuis l'âge de TRENTE ANS et au-dessus jusqu'à l'âge de cinquante ans, tous ceux qui sont propres à exercer quelque fonction dans la tente d'assignation.**
>
> **Nombres 4:3**

Voilà pourquoi Jésus commença Son ministère à l'âge de trente ans.

> **Jésus avait environ TRENTE ANS lorsqu'il commença son ministère, étant comme on le croyait fils de Joseph, fils d'Héli,**
>
> **Luc 3:23**

Parce que le travail de Dieu exige tellement de temps à la fois pour la préparation et le ministère proprement dit, il doit être la première chose dans votre vie.

Beaucoup de gens mettent de côté le ministère, car ils le méprisent en réalité ; ils pensent que c'est quelque chose qui peut être fait dans un délai court.

2. Le royaume a besoin des jeunes.

Il y a beaucoup de choses que seuls les jeunes peuvent faire. Il y a des choses que j'ai faites quand j'étais plus jeune que je ne peux plus faire aujourd'hui. Par exemple, je me souviens quand j'étais à l'école secondaire, je jeunais pendant presque un trimestre scolaire. Je me demande bien si je pourrais faire pareil aujourd'hui.

J'avais l'habitude de tenir des « diffusions matinales » (prédications radio diffusées à l'aube) dans de nombreux endroits. En tant qu'étudiant, j'ai fait beaucoup de choses passionnantes pour le Seigneur. Réunions de prière toute la nuit, diffusions matinales, douze heures de réunions de prière. Sept heures de réunions de prière etc. Bien que je fasse pratiquement les mêmes choses aujourd'hui, il y a des changements évidents dans l'intensité et le style.

Je chéris énormément les années les plus jeunes que j'ai passées en Christ. Ces années-là, j'ai mémorisé des chapitres entiers de la Bible. Ce sont les versets que j'ai appris en ces jours qui sont à la base de ma connaissance des Écritures aujourd'hui.

Peut-être que vous ne savez pas pourquoi Dieu veut que vous Le considériez comme la première chose dans la première partie de votre vie. Peut-être que vous voulez donner à Dieu vos années de faiblesse et de tremblement. La première partie est la meilleure partie : quand vous êtes fort, énergique et plein de zèle. C'est la partie que Dieu veut !

3. Le royaume de Dieu nécessite la foi, l'espérance et l'amour.

Mais souviens-toi de ton Créateur pendant les jours de ta jeunesse, avant que les jours mauvais arrivent, et que les années s'approchent où tu diras : Je n'y prends point de plaisir ;

Ecclésiastes 12:1

Le royaume de Dieu a besoin de personnes dynamiques pour le ministère. Il y a beaucoup de stress et de tension dans le ministère. Contrairement à ce qu'on pense, les pasteurs sont souvent très stressés et très fatigués. Ils ont rarement le temps pour eux-mêmes et leurs familles.

Dans la première partie de votre vie, vous êtes plein de foi, d'espérance et d'amour. Regardez les personnes âgées et vous remarquerez qu'elles ont moins de « ressort dans leur démarche ». La fatigue et l'usure se sont installées. Les mauvaises expériences les ont rendues lasses et méfiantes envers tout le monde. Elles ne font confiance à personne et se refusent à essayer de nouvelles choses. L'esprit d'aventure a disparu. Elles sont endurcies par les expériences de leurs vies. Les personnes âgées ont vu la douleur, l'amertume et la mort. Oui, elles croient en Dieu, mais c'est un peu différent de la foi d'une personne plus jeune.

Dans la première partie de votre vie, vous n'avez pas encore eu le cœur brisé. C'est cette partie que Dieu désire ardemment.

Dieu veut la première partie de votre vie. Le livre de l'Ecclésiaste, chapitre 12, décrit cela amplement.

> **Mais souviens-toi de ton Créateur pendant les jours de ta jeunesse, avant que les jours mauvais arrivent, et que les années s'approchent où tu diras : Je n'y prends point de plaisir ; Ton corps va s'affaiblir, tes dents vont pourrir, et ta vue va s'estomper.**
>
> **Le bruit assourdissant du broyage du grain sera tu par tes oreilles sourdes, mais même le chant d'un oiseau t'empêchera de dormir. Tu auras peur de grimper une colline ou de marcher sur une route. Tes cheveux deviendront blancs comme la fleur d'amandier. Tu te sentiras sans vie et te traîneras comme une vieille sauterelle...**
>
> **Ecclésiastes 12:1,3-5**
> **(Version contemporaine traduite de l'anglais)**

Il est dit que le roi Salomon a écrit le Cantique des cantiques dans sa jeunesse, le livre des Proverbes dans son âge mûr et le livre de l'Ecclésiaste dans ses vieux jours. Vous remarquerez que l'humeur de chacun de ces livres est différente. Dans le Cantique des cantiques, il est excité et amoureux. Dans le livre des Proverbes, il partage la sagesse pratique de la vie ordinaire. Mais dans le livre de l'Ecclésiaste, son humeur est tout à fait différente. Il décrit un grand nombre d'expériences de la vie comme sans importance, vaines et futiles.

> **Rien n'a de sens que j'ai tout vu - rien n'a de sens.**
>
> **Ecclésiastes 12:8**
> **(Version contemporaine traduite de l'anglais)**

Ce changement d'humeur affecte grandement le travail de Dieu. Il faut de la foi et de l'espérance dans les Cieux pour prendre votre croix et faire des sacrifices pour un Dieu invisible.

J'aime la compagnie des jeunes leaders chrétiens de mon église. Ils semblent apprécier ce que je prêche plus que les anciens. Plusieurs fois, ils se pressent autour de moi après l'église, voulant simplement discuter avec moi. Ils semblent croire tout ce que je dis, même si le message parait dur.

Je me souviens d'un jour en particulier, je parlais à un groupe d'anciens pasteurs. Les plus jeunes universitaires se réunirent autour de moi, comme d'habitude. Comme je bavardais avec eux, j'ai remarqué que les plus âgés se retiraient l'un après l'autre jusqu'à ce qu'il ne reste plus que les jeunes. Je ne parlais pas de quelque chose destiné aux jeunes en particulier, mais les plus âgés n'étaient tout simplement pas intéressés.

Dans la première partie de votre vie, vous êtes très sensible, zélé et docile. Dieu peut vous atteindre et vous mener dans presque toutes les directions. En vieillissant, on devient indifférent et désabusé. Il semble y avoir un esprit humble et qui a soif d'apprendre dans la première partie de nos vies.

4. Le royaume de Dieu ne peut pas être méprisé.

Il y a beaucoup d'emplois qui exigent des demandeurs d'emploi au-dessous de l'âge de trente ans. Pourquoi pensez-vous que de nombreuses entreprises recrutent des gens en dessous d'un certain âge ? Parce qu'elles veulent obtenir le meilleur d'eux !

Ne méprisez pas l'église. Il y a des gens qui disent qu'ils vont travailler pour Dieu quand ils prendront leur retraite. Quelle occupation peut être comparée à la vocation céleste du ministère ? La médecine, le droit, l'ingénierie, l'architecture, la menuiserie, l'informatique, la banque, le journalisme, la recherche, la pharmacie, l'exploitation minière, le management, le théâtre, le chant, la danse, la plomberie, la maçonnerie ou le pilotage ne peuvent pas être comparés au ministère du Seigneur Jésus.

> **Mais ces choses qui étaient pour moi des gains, je les ai regardées comme une perte, à cause de Christ. Et même je regarde toutes choses comme une perte, à cause de l'excellence de la connaissance de Jésus Christ mon Seigneur, pour lequel j'ai renoncé à tout, et je les regarde comme de la boue, afin de gagner Christ,**
>
> **Philippiens 3:7-8**

Le sacerdoce est la vocation céleste de Dieu. Et c'est ce dans quoi je suis impliqué. Sur cette terre, le sacerdoce est méprisé. Une fois, j'ai eu un pasteur qui ne pouvait pas trouver une femme parce qu'il était un pasteur. La mère de sa soi-disant fiancée, a refusé de permettre à sa fille d'être fiancée à un pasteur. Elle a estimé qu'un pasteur était un homme sans but, sans travail, sans avenir.

Une fois, elle a même envoyé un émissaire savoir s'il travaillait réellement avec l'église comme il le prétendait. Elle a également voulu savoir quel genre de travail il pourrait y exercer. L'envoyée de la mère de la fiancée ne pouvait cacher sa surprise quand elle a découvert que l'église avait en effet des bureaux et qu'il y avait beaucoup de travaux en cours dans ces bureaux.

5. Le royaume ne peut être retardé.

Certaines personnes pensent que leur mariage ne peut être retardé, leurs écoles ne peuvent pas être retardées et leur travail ne peut être retardé. Mais laissez-moi vous dire ce qui ne peut être retardé : le royaume de Dieu ! Jésus a dit que nous ne devrions pas dire qu'il y a encore quatre mois jusqu'à la moisson. En d'autres termes, ne dites pas qu'il y encore du temps. N'introduisez pas des retards pour le royaume de Dieu.

> **Ne dites-vous pas qu'il y a encore quatre mois jusqu'à la moisson ? Voici, je vous le dis, levez les yeux, et regardez les champs qui déjà blanchissent pour la moisson.**
>
> **Jean 4:35**

Peu de gens le savent, mais cette vie terrestre est très liée au temps. Chaque instruction ou opportunité est liée au temps. Écoutez ceci et écoutez-le attentivement : chaque instruction que Dieu vous a donnée possède une minuterie invisible. Un compte à rebours commence à partir du moment où Dieu vous parle. Le temps disponible pour exécuter ce travail diminue avec chaque heure qui passe. Beaucoup pensent qu'ils sont tout simplement en attente de leur temps et prendront Dieu au sérieux plus tard.

Ne vous y trompez pas ! La date d'expiration de votre période de grâce arrive à grands pas.

Lorsque la princesse Diana sortait avec son petit ami égyptien, elle ne savait pas qu'il lui restait quelques heures à vivre. Elle était inconsciente du fait qu'elle devait faire l'objet du plus grand enterrement de tous les temps. Elle ne connaissait pas l'heure. Connaissez-vous l'heure ? Connaissons-nous l'heure ?

Si Dieu vous a appelé au ministère, une horloge a commencé son compte à rebours. Un temps viendra où vous ne serez plus en mesure de vous acquitter de cette instruction. Parfois Dieu vous parle : « Financez mon royaume. » Peut-être cela arrive avec une période de cinq ans dans laquelle vous pouvez Lui obéir.

Peut-être qu'Il vous dit : « Va comme missionnaire. » Peut-être cela survient dans une période de dix ans dans laquelle vous pouvez l'accomplir. Certaines personnes passent sept années de cette période à faire autre chose, puis au cours des trois dernières années, essaient d'obéir à Dieu. Mais leur temps est presque écoulé. Rien d'efficace ne peut se faire dans les trois dernières années.

6. **Jésus rejette tous ceux qui placent leur fortune familiale, professionnelle ou personnelle avant le royaume de Dieu.**

> **À l'heure du souper, il envoya son serviteur dire aux conviés : Venez, car tout est déjà prêt. Mais tous unanimement se mirent à s'excuser. Le premier lui dit : J'AI ACHETÉ UN CHAMP, et je suis obligé d'aller le voir; excuse-moi, je te prie. Un autre dit : J'AI ACHETÉ CINQ PAIRES DE BOEUFS, et je vais les essayer; excuse-moi, je te prie. Un autre dit : JE VIENS DE ME MARIER, et c'est pourquoi je ne puis aller.**

> **Luc 14:17-20**

Beaucoup de Chrétiens honnêtes se cachent derrière leurs familles ou entreprises légitimes pour s'épargner l'obéissance à Dieu.

Malheureusement, Jésus mentionne spécifiquement ces choses comme des raisons qui ne tiendront pas devant Lui. Rien et je veux dire rien n'est plus important que Dieu et notre service pour Lui. Quand Dieu vous appelle, vous n'avez pas le droit d'utiliser votre femme, votre mari ou vos enfants comme une raison pour vous écarter. Quand Dieu vous appelle, vous n'avez pas le droit d'utiliser votre entreprise ou votre richesse personnelle comme une raison de rester à l'écart.

Lisez-le vous-même. Contrairement à ce que beaucoup de gens dignes et bien-pensants pensent, votre service à Dieu est plus important que n'importe laquelle de ces choses.

John Wesley, le fondateur de l'Eglise méthodiste eut de gros problèmes avec sa femme. Elle ne voulait pas qu'il continue de correspondre avec une partie des fidèles de sa paroisse. John Wesley prêcha le dimanche, se maria le lundi et prêcha le lendemain. En moins d'un mois, il était de nouveau sur la route. Ni femme, ni famille ne pouvait l'empêcher de faire ce que son cœur aimait le plus. Aujourd'hui, l'Église méthodiste se présente comme un témoignage véritable de l'engagement inébranlable de John Wesley envers les affaires de Dieu.

Chapitre 3

Le danger de la fornication

Mais que ni la fornication, ni aucune impureté ou cupidité, ne soient même nommées parmi vous, comme il convient à des saints ;

Éphésiens 5:3 (Darby)

L a fornication est le fait d'avoir des relations sexuelles avant le mariage. L'équivalent de la fornication dans le mariage est l'adultère, c'est à dire quand vous avez des relations sexuelles avec quelqu'un qui n'est pas votre partenaire conjugal.

Bien que la plupart d'entre nous pasteurs restent silencieux sur ce sujet, il est important que nous en parlions. Dans Jérémie 3:15 (version Darby), le Seigneur dit : « Et je vous donnerai des pasteurs selon mon cœur, et ils vous paîtront avec connaissance et avec intelligence. » Être un pasteur du troupeau de Dieu signifie enseigner un large éventail de sujets.

Je dois admettre que, quand le Seigneur m'a tout d'abord amené à écrire un livre sur ce sujet, j'étais un peu hésitant. C'est parce que je suis un être humain et que je suis soumis aux mêmes tentations que toute autre personne. Mais il est important d'obéir à la Parole de Dieu et d'enseigner toutes les choses qui sont dans la Bible.

La norme de Dieu pour la vie chrétienne est qu'aucun croyant ne devrait jamais être impliqué dans la fornication. Les Chrétiens ne devraient pas avoir un passé de fornication régulière.

Ils ne devraient jamais y être impliqués non plus. Pas une seule fois !

...la fornication ...ne soient même nommées...

Ephésiens 5:3 (Darby)

La fornication se retrouve couramment chez les Chrétiens nés-de-nouveau. Ce « cancer » de la fornication affecte rapidement le Corps du Christ, parce que beaucoup de Chrétiens qui s'adonnent à la fornication ne connaissent pas ses implications spirituelles et physiques.

La fornication est le ministère d'une femme étrangère. Elle est là pour vous amener à cet endroit. Elle est là pour profiter des besoins physiologiques de l'homme. Elle est là pour corrompre l'église avec sa fornication. La femme étrangère est là pour boire le sang des prophètes et des apôtres en couchant avec eux.

Comment la fornication corrompt et détruit l'église

1. La fornication est désobéissance.

La première raison pour laquelle vous ne devriez pas commettre la fornication est que c'est désobéir à Dieu.

... Voici, l'obéissance vaut mieux que les sacrifices, et l'observation de sa parole vaut mieux que la graisse des béliers.

1 Samuel 15:22

Nous sommes tous soumis à la tentation de forniquer. Mais la priorité de chaque Chrétien est d'obéir au Seigneur. Si vous n'obéissez pas à Dieu, vous risquez de perdre.

L'obéissance est plus significative pour Dieu que n'importe quel grand sacrifice que vous pouvez faire pour Lui. Certains d'entre vous venez à l'église, mettez votre offrande dans le panier, payez vos dîmes, levez vos mains et adorez Sa majesté. Vous donnez des sacrifices de louange à Dieu. Mais Dieu préfère votre simple obéissance à vos nombreuses offrandes et les mains levées.

Un jour j'ai rencontré une dame qui m'a dit que le commandement de ne pas commettre la fornication est une loi ancienne, valable pour les temps anciens. Elle argumenta que ce n'était plus une instruction réaliste. Même si cela vous semble illogique, votre devoir est toujours d'obéir à Dieu.

Le christianisme concerne votre relation avec le Seigneur. En tant que Chrétien, vous êtes dépendant de Dieu, et c'est seulement le Seigneur qui peut vous bénir. Si vous choisissez de désobéir et de vous détourner de Dieu, je ne sais pas quel genre de relation vous souhaitez avoir avec Lui. Lorsque vous désobéissez à Dieu, vous encourez des malédictions de Dieu sur votre vie.

Certaines personnes se plaignent qu'il est difficile d'obéir à Dieu. « Ça coûte si cher », disent-elles. Cher ami, la vérité est qu'il est rentable d'obéir à Dieu, mais il ça coûte de Lui désobéir.

En lisant le reste de ce livre, vous vous rendrez compte que lorsque Dieu nous donne un commandement, c'est pour notre propre bien. Il est rentable d'obéir à Dieu, mais il est très coûteux de Lui désobéir.

2. La fornication détruira votre âme.

Celui qui commet un adultère avec une femme est dépourvu de sens, Celui qui veut SE PERDRE agit DE LA SORTE.

Proverbes 6:32

Lorsque vous commettez la fornication, la Bible dit que vous allez détruire votre âme.

Cela signifie que la fornication aura un effet sur vous spirituellement. Quiconque est impliqué dans la fornication est spirituellement affecté. Vous pouvez ne pas savoir exactement comment ça vous affecte. Mais cela vous affecte, et entraînera votre chute. Les dimanches matin, il y a des gens assis dans l'église sachant très bien ce qu'ils ont fait la veille au soir.

Certaines Chrétiens viennent même à l'église après avoir quitté les lits de leurs petits amis ou petites amies. Votre pasteur ignore peut-être ce que vous avez fait. Il peut vous avoir serré la main, mais sans avoir aucune parole de connaissance à votre égard ! Alors vous continuez dans le péché. Sachez que cela détruit vôtre âme peu à peu — **votre moi intérieur est affecté !**

Avec l'expérience, j'ai remarqué que quand quelqu'un commet la fornication, sa vie spirituelle descend en piqué. Quand un(e) Chrétien(ne) tombe dans l'immoralité son style de vie change. **La destruction de l'âme a commencé.**

3.   La fornication détruira votre corps.

Fuyez la fornication : quelque péché que l'homme commette, il est hors du corps, mais le fornicateur pèche contre son propre corps.

1 Corinthiens 6:18 (Darby)

Lorsque vous commettez la fornication, vous commettez un péché directement contre votre propre corps. Lorsque vous commettez la fornication vous commettez un crime contre votre corps. **Vous détruisez votre corps.**

Si vous commettez un crime contre l'État, on dit de vous que vous détruisez l'État. C'est pourquoi l'État va vous arrêter et vous poursuivre. De la même manière lorsque vous commettez la fornication, vous commettez un *crime* contre votre corps, et Dieu vous poursuivra pour cela.

... ne savez-vous pas que votre corps est le temple du Saint Esprit...?

1 Corinthiens 6:19

4.   Vous faites des alliances avec toutes sortes de personnes.

Le sexe est censé être une expérience liant deux personnes. Sachez que lorsque vous commettez la fornication, vous faites une alliance avec celui ou celle avec qui vous entretenez des relations sexuelles. Le plan de Dieu est que quand une femme a des relations sexuelles pour la première fois, l'hymen est rompu et le sang est versé. Lorsque le sang est répandu, une sorte d'accord ou alliance est créé.

Cela signifie que lorsque vous avez des relations sexuelles avec des personnes différentes, vous pourriez être effectivement en train d'entrer en union avec elles. Les liens sont établis parce que le sang est versé. C'est l'une des raisons pour lesquelles Paul a demandé :

...Prendrai-je donc les membres de Christ pour en faire les membres d'une prostituée ? Loin de là... !

1 Corinthiens 6:15,16

Ces alliances sont réelles. Elles peuvent vous affecter pour le reste de votre vie. J'ai vu des gens qui ont été estropiés toute leur vie chrétienne à cause de la fornication. **Certains chrétiens ne se remettent pas de l'alliance de la fornication.**

Le fils d'un féticheur est venu à notre église il y a quelques années. Il nous a raconté comment il est entré dans la sorcellerie. Il a dit qu'il a dormi une fois au cimetière avec son père.

Sept jours après, son père s'est coupé la main, en a extrait son sang, et l'a mélangé au sien. Puis ils ont tous deux bu le sang et fait une alliance permanente. Une alliance de sorcellerie ! Ce frère était sous le joug cette alliance. Un moment vint où il eut à choisir entre son père (qui suivait les fétiches) et suivre Christ. Ce jeune homme ne pouvait pas rompre cette alliance de sang. Mon ami, je parle ici des alliances de sang ! Il quitta l'église quelques mois plus tard et retourna au tombeau avec son père.

Bien qu'il soit né de nouveau, et connaissait le Seigneur, il ne pouvait pas facilement rompre son alliance.

Le sang et les alliances sont des choses réelles, donc il ne faut pas coucher avec n'importe qui. Vous pourriez coucher avec un sorcier et sorcier (ère) demeurera dans votre maison tous les jours de votre vie.

5. La fornication introduit le diable dans votre vie.

... Babylone la grande ! ... elle est devenue la demeure de démons, et le repaire de tout esprit immonde, et le repaire de tout oiseau immonde et exécrable

Apocalypse 18:2 (Darby)

Une forteresse des mauvais esprits est un *refuge*, un *sanctuaire* ou une *cachette* pour les démons. Pourquoi tant d'esprits maléfiques sont-ils venus vivre à Babylone ? Pourquoi est-ce-que Babylone est-elle une place forte pour les démons ?

Selon Apocalypse 18:3 (Darby) :

Car toutes les nations ont bu du vin de la fureur de sa fornication, et les rois de la terre ont commis fornication avec elle...

Les rois, les ministres d'État, les riches et les célébrités ont commis la fornication avec elle. C'est pourquoi les mauvais esprits sont venus dans sa vie. La fornication attire les mauvais esprits dans votre vie. Cela est si vrai pour la vie de nombreux Chrétiens et Chrétiennes. Les mauvais esprits se sont regroupés et multipliés en eux à cause de leur fornication.

Quand Dieu dit de ne pas faire quelque chose, il sait pourquoi ! Certains des mauvais esprits qui entrent en vous peuvent à jamais vous empêcher de vous marier. Certains mauvais esprits peuvent vous amener à rétrograder. Certains d'entre eux vous feront épouser la mauvaise personne. Certains d'entre eux peuvent vous amener à avoir un mauvais mariage. Certains de ces mauvais esprits peuvent aussi vous conduire à l'infidélité dans votre mariage. La liste est sans fin.

Voulez-vous devenir un refuge pour les démons?

6. La fornication entraîne la maladie.

Il y a une foule de maladies qui ne viennent qu'avec des rapports sexuels. Elles sont appelées MST (maladies sexuellement transmissibles). Les germes qui causent ces maladies auront accès en vous lorsque vous commettrez la fornication.

Permettez-moi de mentionner juste dix d'entre elles. (Bien vouloir noter la *grandeur* des noms de ces « animaux » !) :

1. **Neisseria gonococcus** — qui cause la gonorrhée.

2. **Treponema pallidum** — qui cause la syphilis.

3. **Chlamydia trachomatis** — qui cause l'urétrite non-spécifique.

4. **Le virus de l'hépatite « B »** — qui cause les maladies du foie.

5. **Virus herpes simplex type II** — qui cause l'herpès génital.

6. **Trichomonas vaginalis** — qui cause la vaginite.

7. **Lymphogranuloma venereum**

8. **Haemophilus ducreyii** — qui cause le chancre mou (chancrelle).

9. **L'infection des voies urinaires**

10. **Le cancer du col de l'utérus** — des relations sexuelles fréquentes à un âge précoce vous prédisposent au cancer du col de l'utérus.

Si vous attendez de vous marier avant d'avoir des rapports sexuels, vous pourriez vous préserver de toutes ces maladies. Mais si vous continuez à commettre la fornication, sachez que tous ces « animaux » entreront dans votre corps et vous rendront malade !

7. La fornication entraîne la mort.

La fornication vous tuera si vous acquérez le Virus de l'Immunodéficience Humaine (VIH). À moins que Dieu n'opère un miracle, vous pourriez mourir de SIDA.

Le VIH est dorénavant une condamnation à mort. Il est triste de dire que dans les églises charismatiques, il y a beaucoup de Chrétiens qui sont séropositifs.

Un jour, un technicien de laboratoire m'a donné quelques statistiques alarmantes. Une équipe de techniciens de laboratoire a organisé une journée de don de sang dans une église charismatique, et sur la centaine de personnes qui ont donné du sang, un grand pourcentage ont été testés positifs au VIH. En d'autres termes, nos Églises ont un nombre important de personnes porteuses du

VIH. Forniquer avec un membre de votre église peut signifier votre mort ! Ceux qui sont séropositifs peuvent développer le SIDA. Et quand vous avez le SIDA, cela signifie qu'il vous reste peu d'années à vivre.

8. La fornication entraîne des grossesses non désirées.

Voulez-vous aller à l'école avec votre enfant ? Quand j'étais à l'école secondaire, il y avait un homme en classe terminale dont on disait qu'il avait un enfant en classe de sixième. Comment cela se peut-il ? Probablement à cause d'une grossesse non désirée contractée plus tôt dans sa vie.

9. La fornication entraîne des avortements non désirés.

Si vous commettez la fornication et tombez enceinte, il est très probable que vous vouliez le cacher – en ayant recours à un avortement.

Vous tombez dans le même piège que David quand il a commis l'adultère. Le meurtre est le mal le plus fréquent qui suit le péché de fornication.

L'avortement est le péché de meurtre. Beaucoup de fornicateurs et fornicatrices sont des assassins. Les avorteurs et avorteuses récidivistes sont des meurtriers récidivistes. Cher ami(e), vous ignorez peut-être que l'avortement est un meurtre. Médicalement parlant, l'avortement est l'interruption de la vie humaine. La vie humaine peut être faite d'à peine quelques cellules, mais c'est la vie humaine ! Êtes-vous un meurtrier ou une meurtrière ?

10. La fornication entraîne l'infertilité.

Laissez-moi vous expliquer comment la fornication apporte l'infertilité.

Lors d'un avortement, divers instruments semblables à des couteaux et des fourchettes sont introduits dans l'utérus. Cela conduit souvent à une infection. Et cette infection conduit souvent à un blocage des trompes de Fallope. Jeune fille, si vos trompes de Fallope sont bloquées vous ne pourrez pas tomber enceinte.

Ensuite, vous pourriez vous retrouver dans chaque centre de délivrance — en quête de guérison. Recevez votre délivrance désormais en obéissant à la Parole.

11. La fornication entraîne des enfants non désirés.

Les enfants non désirés sont généralement des produits de la fornication. Pourquoi être enceinte quand vous êtes une étudiante de seize ans ? Votre enfant est censé être votre fille ou votre fils et *non pas* votre petite sœur ou petit frère !

12. Les enfants non désirés deviennent des délinquants sociaux.

Chaque fois qu'un enfant n'est pas voulu, il devient un rebut de la société — un « *pikin na bollo* » comme on dit au Ghana. De nombreux délinquants dans la société ont un passé d'enfants non désirés.

Je me souviens d'un jeune garçon qui battait sa mère et quitta la maison. Personne ne sait où il est. Je me suis demandé pourquoi un jeune de la classe de terminale se comporte d'une manière aussi déplacée. La réponse peut être liée à l'histoire de sa mère.

Ce jeune homme était un produit de la fornication de sa mère quand elle n'avait que quinze ans. Le garçon était obligé de rester avec différentes tantes et autres parents. Voyez-vous, sa mère devait poursuivre sa scolarité. Quand sa mère s'est mariée, elle avait honte de son enfant non désiré. Donc, il continua de rester avec d'autres parents compatissants.

Naturellement, le jeune garçon grandit avec des notes très faibles à l'école. Il fut suspendu à plusieurs reprises et devint ce que nous appelons un délinquant social, un garçon très amer. Maintenant, à qui la faute ? Ne blâmez pas l'enfant qui est né de la fornication s'il devient un délinquant social !

13. La fornication entraîne la honte.

Il n'aura que plaie et ignominie, et son opprobre ne s'effacera point.

Proverbes 6:33

Bien que la fornication soit un péché *international* et *interculturel* commis par beaucoup de gens, il demeure un acte honteux. Préservez-vous de cette honte !

14. La fornication entraîne des peines et des blessures.

Lisez l'histoire de Tamar et d'Amnon dans le second livre de Samuel, chapitre 13. La fornication conduit à de nombreuses *blessures*. Tamar fut *blessée*. Absalon, son frère, fut *blessé*. Le roi David fut *blessé*. La relation entre Tamar et Amnon fut brisée à jamais.

Ce que vous devez comprendre, c'est que la fornication est essentiellement mauvaise et maléfique. Elle ne conduit qu'à de nombreuses complications terribles et dévastatrices dans la vie.

15. La fornication brise les mariages.

La fornication est souvent la goutte d'eau qui fait déborder le vase dans des mariages malheureux. Rappelez-vous, ce n'est que dans le cas de l'adultère que Dieu permet le divorce.

Dieu sait que c'est ce péché qui a la capacité de détruire les mariages.

Chapitre 4

Les étapes à suivre pour éviter la fornication

Comment pouvons-nous-nous préserver du péché honteux ? Nous sommes tous des hommes de même nature, soumis aux mêmes tentations que les autres. Je crois que le Seigneur m'a montré quelques étapes importantes qui nous préserveront tous du péché. Quatre de ces étapes sont spirituelles et six sont d'ordre physique. Commençons par les étapes physiques.

1. Aucune relation inopportune

De très jeunes gens ne devraient pas entrer dans des relations de séduction.

Il y a un temps pour tout, un temps pour toute chose sous les cieux :

Ecclésiastes 3:1

Il y a un temps pour entrer dans une relation. Pourquoi voulez-vous entrer dans une relation lorsque vous êtes encore à l'école ? Vous n'avez même pas un emploi à l'horizon !

Dans mon église, je ne reconnais pas les relations des adolescents. Je vous conseille de les rompre au nom de Jésus ! Vous vous inquiétez pour rien quand vous jouez avec des relations au mauvais moment.

2. Des relations tournées seulement vers le mariage

Vous ne devez vous engager que dans des relations qui conduisent au mariage. *La seule relation intime entre les hommes et les femmes que Dieu approuve est le mariage.*

Un homme et une femme chrétiens doivent marcher selon le plan de Dieu, et le plan de Dieu est le mariage. Quand j'ai demandé ma femme en mariage il y a de nombreuses années, avant de l'épouser, je lui ai posé deux questions: « Peux-tu épouser un médecin ? Peux-tu épouser un pasteur ? » Le mariage était ce que j'avais à l'esprit. Elle était amoureuse de moi et donc elle a dit oui ! J'avais décidé de l'épouser. Elle n'était pas seulement une amie ou une petite amie. Elle était devenue quelqu'un de spécial – la personne qui allait devenir ma femme et la porteuse de mes enfants.

Je me souviens avoir demandé à un jeune homme qui avait une relation avec une sœur d'église depuis deux ans : « Allez-vous vous marier ? » Sa réponse fut : « Je ne pense pas. Nous sommes tout simplement en relation. »

Je pense qu'une femme serait folle d'être dans une telle relation. Cet homme vous utilise tout simplement, et vous jettera un jour. Les relations que Dieu approuve sont des relations qui sont dirigées vers Sa volonté et Sa volonté, c'est le mariage !

Si vous savez que votre relation ne va pas vers le mariage, alors elle va tout simplement vers la fornication. Mettez-y fin immédiatement !

3.   Les relations saintes

La Bible dit qu'il y a un temps pour « s'abstenir d'embrasser ».

... un temps pour embrasser, et un temps pour s'éloigner des embrassements ;

Ecclésiastes 3:5

Si vous êtes dans une relation, il y a un temps pour s'abstenir d'embrasser. Je peux tenir ma femme, je peux l'embrasser et je ne ferai rien de mal. Mais ceux d'entre vous qui ne sont pas mariés ne devraient pas en faire de même. Même lorsque vous touchez la main de votre fiancé(e), « l'osmose » commence !

Dans mon église, nous avons quelques règles à conseiller aux jeunes en relations. Nous ne vous disons pas seulement de vivre une vie sainte et pure, mais nous vous expliquons en détails ce qu'une vie de sainteté implique. Vous ne devez avoir que des relations saintes !

4. Mariage précoce

J'encourage les gens à se marier jeunes. Plus les Chrétiens retardent leur mariage, plus ils sont susceptibles de finir par vivre dans le péché. Qu'attendez-vous ? Dans certaines églises, il y a des freins au mariage. Les couples font face à de nombreux obstacles qui retardent le mariage. Mais cela ne devrait pas être le cas.

Que ta source soit bénie, Et fais ta joie de la femme de ta JEUNESSE,

Proverbes 5:18

L'Écriture vous encourage à avoir une femme quand vous êtes jeune, la femme de votre jeunesse.

N'utilisez pas le manque d'argent comme une excuse, parce que vous pouvez vous marier si vous le voulez vraiment. Mariez-vous pendant que vous êtes encore jeune. N'attendez pas d'avoir toutes les choses confortables de la vie avant de vous aventurer dans le mariage.

Quand j'ai décidé de me marier, quelqu'un murmura à ma femme de se marier avec quelqu'un qui avait tout dans la vie. Je n'étais évidemment pas qualifié puisque je n'avais rien !

J'ai vécu des moments très difficiles avec ma femme, quand nous n'avions pas d'argent. Nous devions mettre en garde nos visiteurs de s'asseoir d'une manière particulière parce que nos chaises étaient fragiles et brisées. Elle a même dû aller travailler à l'étranger pour nous acheter quelques meubles. Ma femme et moi avons vécu des moments difficiles ensemble, et pour cela je l'aime. Je n'ai pas eu besoin d'attendre jusqu'à ce que je sois vieil homme pour me marier.

J'aime les gens avec qui j'ai traversé des épreuves et des difficultés. Ils sont différents de ceux qui sont venus dans un temps de bénédiction totale. Lorsque vous êtes déjà établi dans la vie, vous aurez des gens qui s'intéressent à vous parce que vous êtes déjà béni.

Mais la femme de votre jeunesse ne vous épousera pas à cause de ce que vous avez, mais à cause de qui vous êtes. C'est une bénédiction de se marier jeune.

5. Mariage non polygame

L'homme et sa femme étaient tous deux nus, et ils n'en avaient point honte.

Genèse 2:25

La seule personne avec qui vous devez être nu est votre femme, non pas votre petite amie, fiancée, infirmière ou secrétaire. Vous n'êtes pas censé avoir une autre femme. Dieu ne cautionne pas la polygamie. Un mode de vie polygame encourage la fornication.

Au Ghana, nous avons la polygamie « officielle » , où un homme entretient deux ou trois épouses. Mais il y a une version « officieuse » de la polygamie qui est pratiquée par les personnes les plus aisées au Ghana. Ils ont une épouse officielle qu'ils emmènent dans leurs fonctions officielles et avec qui ils paraissent en public.

Il y a aussi les femmes officieuses dans la vie de ces hommes. Et c'est une pratique courante de la plupart des « gros bonnets » de notre société. Ces hommes n'ont aucune intention de divorcer de leurs épouses. Ils vont passer des week-ends dans des lieux spéciaux avec ces filles « secondaires ». Ils voyagent avec elles à Paris, et passent généralement du bon temps avec elles. Mais ils maintiennent toujours le mariage officiel.

Nous devons maintenir cette culture de polygamie officieuse loin de nous, si nous voulons éviter la fornication.

6. Les mariages sexuellement actifs

Nous avons besoin d'avoir des mariages sexuellement actifs. Il y a beaucoup de mariages qui ne sont pas sexuellement actifs. Il est étonnant de constater qu'avant que les gens se marient, ils veulent bien se tenir et se toucher, mais quand ils se marient, ils peuvent s'allonger côte à côte sans gêne comme des bûches. Pourquoi commettre la fornication si vous pouvez faire l'amour ?

Bois des eaux de ta citerne, et de ce qui coule du milieu de ton puits.

Proverbes 5:15 (Darby)

Le sexe peut être assimilé à de l'eau potable. Et nous buvons de l'eau plusieurs fois par jour. Ainsi, la Bible vous invite à avoir des relations sexuelles plusieurs fois, ainsi vous n'aurez pas soif d'une autre femme. Il y a un langage plus symbolique dans Proverbes 5.

Tes fontaines se répandront au dehors …

Proverbes 5:16 (Darby)

Qu'est-ce-qui ressemble à une fontaine en matière de sexe ? La recommandation de Dieu pour les mariages saints, c'est que les fontaintes devraient se répandre au dehors. Vous devez laisser se répandre les fontaines. Certaines fontaines sont fermées depuis deux semaines ou six mois. De telles fontaintes ne sont pas bénies !

…Des ruisseaux d'eau dans les places.

Proverbes 5:16 (Darby)

Que pourraient être ces places ? Si les ruisseaux se répandent sur les places, alors Dieu dit :

Qu'elles soient à toi seul, et non à des étrangers avec toi.

Proverbes 5:17 (Darby)

Biche des amours, et chevrette pleine de grâce; que ses seins t'enivrent en tout temps ; ...

Proverbes 5:19

Si vous êtes marié, les seins de votre femme doivent vous satisfaire à tout moment ! Pourquoi devriez-vous jouer avec les seins de quelqu'un d'autre, quand vous avez ceux de votre propre femme ?

L'une des façons de prévenir la fornication si vous êtes marié, c'est d'avoir des relations sexuelles régulièrement. Lorsque vous mangez et êtes satisfaits, vous n'avez pas envie de manger encore.

Les femmes, surtout, doivent savoir que lorsqu'elles ont des rapports sexuels réguliers avec leurs maris, cela les empêche d'avoir des aventures extraconjugales. Un homme de Dieu tomba dans le péché. J'étais assis avec lui quand il admit avoir mis enceinte l'une des membres de son église, il pleurait. J'étais si triste, et je voulais savoir comment cela est arrivé.

Il raconta les difficultés sexuelles qu'il avait avec son épouse. Elle ne voulait pas avoir de rapports sexuels avec lui. Elle se plaignait d'être fatiguée, ou refroidie. Dès que le mari a commis l'adultère, elle est devenue active. Elle a compris que l'adultère de son mari était un produit de ce qui se passait à la maison.

Certaines femmes n'attendent que le fait que leurs maris commettent l'adultère pour se réveiller !

Chapitre 5

Les clés spirituelles pour éviter la fornication

1. L'honnêteté

Vous avez besoin d'honnêteté pour vous préserver de la fornication. Si vous avez un problème et avez besoin d'aide, vous devez être ouvert à ce sujet. Le médecin ne peut pas vous aider à moins que vous vous ouvriez et lui disiez votre problème. Personne ne peut vous aider si vous ne demandez pas de l'aide.

Tout le monde a besoin d'aide, mais ce n'est pas tout le monde qui veut de l'aide. Vous avez besoin de vous ouvrir et partager vos problèmes avec honnêteté. Sans la ceinture de vérité et de sincérité, vous ne pourrez jamais recevoir de l'aide de Dieu.

C'est l'histoire d'un frère chrétien qui a toujours pensé que les messages prêchés à l'église étaient adressés aux autres. Le pasteur avait beau prêcher sous la puissance du Saint-Esprit, ce frère chrétien était assis dans l'église supposant toujours que c'était pour quelqu'un d'autre.

Après le service, il remerciait le pasteur et disait : « Pasteur, soyez béni pour ce message. Je pense que vous *LEUR* avez vraiment prêché la parole. Vous avez vraiment touché *LEUR* cœur. C'est un message dont *ILS* avaient vraiment besoin. » Le pasteur essaya de modifier son sermon pour que cet homme se rende compte qu'il parlait de lui, mais en vain.

Puis un jour, il plut et il y eut une inondation. Personne ne vint à l'église sauf ce frère. Assis seul, le pasteur se dit : « Enfin, ce jeune homme saura que le message lui est destiné. »

Le pasteur prêcha à son cœur. Après cela, le frère vint et dit : « Pasteur, c'était un message très puissant. Si seulement *ILS* étaient venus à l'église aujourd'hui, en fait, *LEURS* vies auraient été touchées ! »

Et voilà ce qu'il en est. Nous prêchons la Parole, et les gens pensent toujours que c'est pour quelqu'un d'autre. Nous ne sommes tout simplement pas assez honnêtes pour admettre que nous avons un problème.

2. La prière

Nous avons besoin de prière pour être capables de faire face au péché.

Et il leur dit : Pourquoi dormez-vous ? Levez-vous et priez, afin que vous ne tombiez pas en tentation.

Luc 22:46

La prière est très importante pour vous empêcher de tomber dans la tentation. La prière vous fortifie contre tout ce qui se met en travers de votre route. La prochaine fois que vous jeûnerez, levez-vous tôt et priez avant que le jour se lève. Vous trouverez une force surnaturelle pour continuer. Cette force vient de la prière. Quand vous priez, vous construisez votre esprit et devenez spirituellement fort.

La Bible dit que le corps sans esprit est mort. Cela signifie que le jour où votre esprit quittera votre corps, vous allez mourir. **Cela signifie aussi que tout ce qui se passe dans votre corps est affecté par votre esprit.**

Elle vous aide à lutter contre certaines tentations. C'est pourquoi Jésus a dit que vous devez prier si vous tombez en tentation. C'est pourquoi Jésus priait tout le temps. Une fois, Jésus pria pendant quarante jours et nuits. Peu de temps après la prière et le jeûne, le diable vint Le tenter, mais Il était trop fort pour le diable. Le diable avait choisi le mauvais moment pour attaquer le Christ.

Il y a plusieurs années, le diable a essayé de placer une tentation sur ma route. Mais ce jour-là, le Seigneur m'a amené à prier pendant des heures. Je ne sais d'ailleurs pas pourquoi les « langues » semblaient sortir de moi. Cette prière m'a délivré !

La Bible dit que nous ne savons pas ce qu'il faut demander dans nos prières. *Personne ne sait ce qui va se passer demain.*

Mais Dieu le sait ! C'est pourquoi il a dit que nous devrions veiller et prier au cas où quelque chose arrive. Les disciples se sont endormis pendant cette nuit fatidique. Tous ont été tentés, et tous ont succombé. Il n'y a pas que Judas qui reniât le Christ ce soir-là. Tous les disciples ont abandonné leur maître le jour où Il était le plus dans le besoin.

3. La délivrance

Certains cas de fornication nécessitent la délivrance. D'autres pas. Si vous êtes toujours infidèle à votre époux ou votre épouse, vous avez besoin d'être délivré.

Certaines personnes, surtout les fornicateurs chroniques, ont besoin de rencontrer un pasteur pour subir une délivrance des mauvais esprits. Si vous avez un problème chronique, alors vous avez besoin de délivrance. Si quelque chose vous pousse à forniquer, ce n'est certainement pas Dieu qui vous anime.

> **... dont il s'était emparé depuis longtemps; on le gardait lié de chaînes et les fers aux pieds, mais il rompait les liens, et il était ENTRAINE PAR LE DEMON dans les déserts.**
>
> **Luc 8:29**

Quand quelque chose vous pousse à pécher encore et encore, vous avez probablement besoin de délivrance.

C'est seulement le diable qui pousse les gens. Dieu ne pousse les gens ! Dieu ne nous pousse pas. Même lorsque vous avez besoin d'être sauvé, Dieu ne vous forcera pas à être sauvé. Je crois que ce que nous devons faire, c'est d'être assez humbles pour admettre que nous avons besoin de délivrance et demander à nos pasteurs de nous aider.

Dieu ne nous force pas à faire quoi que ce soit. Je constaté que si VOUS voulez aller en Enfer, VOUS irez en Enfer et Dieu NE vous en EMPÊCHERA pas. J'ai appris, il y a des années de cela à ne pas forcer les gens à aller au Ciel.

Dieu ne vous forcera pas à être délivré ; vous devez chercher Dieu vous-même.

4. Cherchez la grâce et la miséricorde.

Je pense que la grâce de Dieu est le facteur le plus important. Vous pouvez utiliser toutes les autres étapes, mais vous échouerez toujours. Vous pouvez utiliser toutes sortes d'étape « mathématiques » ou logiques qui existent : la délivrance, suivie par l'honnêteté, plus le mariage sexuellement actif et le mariage non polygame, en passant par le mariage précoce, divisé par une relation sainte, multiplié par une relation axée vers le mariage, au carré de l'absence de relation !

C'est par la grâce et la grâce seule !

L'auteur-compositeur a dit : « À travers les nombreux dangers, les souffrances et les pièges par lesquels je suis passés. C'est la grâce qui m'a conduit jusqu'ici en toute sécurité, et la grâce me conduira à la maison. »

Mes amis, c'est la grâce qui nous aidera à surmonter !

Chapitre 6

Qu'est-ce qu'une femme étrangère ?

Et pourquoi, mon fils, serais-tu épris d'une étrangère…

Ils te préserveront de la femme corrompue, de… l'étrangère.

Pour qu'elles te préservent de la femme étrangère…

Proverbes 5:20, 6:24, 7:5

J'ai remarqué l'expression « femme étrangère » dans la Bible pour la première fois il y a quelques années. J'étais alors un jeune chrétien grandissant dans le Seigneur. Je me demandais souvent : « Qu'est-ce qu'une femme étrangère ? »

Nous entendons par femme étrangère une personne inhabituelle. Mais qu'est-ce qui est inhabituel chez cette personne ? Quelles choses inhabituelles fait cette personne ?

Une femme étrangère est une destructrice de précieuses vies

Car pour la femme prostituée on se réduit à un morceau de pain, Et la femme mariée tend un piège à la vie précieuse.

Proverbes 6:26

Ce livre concerne ces prédateurs de vies précieuses ! Je crois que Dieu va utiliser ce livre pour délivrer le Chrétien non avisé de ses pièges mortels. Je me rends compte que le diable peut identifier la vie précieuse de loin. Il sait quand la main de Dieu est sur vous, alors il vous cible. L'un des agents les plus anciens et les plus prospères du diable est la femme étrangère.

Bien que notre sujet soit « La femme étrangère », nous savons aussi que l'homme peut être « étranger ». J'utilise le genre féminin juste parce que l'histoire dans le septième chapitre des Proverbes décrit une femme qui est « étrangère ». Il s'agit d'un sujet très important, car il est nécessaire pour que chaque Chrétien et ministre survive au voyage de cette vie sans succomber aux péchés sexuels communs de notre époque.

Des gens étrangers sont ceux dont le comportement sème la fornication, l'adultère, l'homosexualité, etc., dans d'autres.

Un frère innocent ou une sœur innocente, ou même un homme de Dieu qui a par ailleurs vécu une vie pure, peut facilement être la proie de ces gens étrangers. Des gens étrangers ne sont pas seulement dans le monde, mais ils sont également nombreux dans l'église.

La Bible l'appelle la femme étrangère. Certaines personnes l'appellent la prostituée, mais je préfère l'appeler la femme étrangère. Beaucoup de gens ont eu des expériences sexuelles, même s'ils n'avaient jamais prévu d'en avoir.

Il y a des hommes qui détestent certaines femmes, parce qu'en observant leur passé, ils ont compris qu'il y avait un plan à long terme pour les détruire ! Il y a des dames qui ont perdu leur virginité peut-être lorsqu'elles étaient trop innocentes pour se rendre compte de ce qui leur arrivait ! Malheureusement, elles ont fait une rencontre avec une personne étrangère.

En tant que Chrétiens nous ne combattons pas contre la chair et le sang, mais notre ennemi travaille à travers la chair et le sang. La Bible a décrit ces gens étrangers en détail. Dieu veut que nous sachions qui ils sont, et que nous reconnaissions ce syndrome en nous.

La fornication n'est pas un péché facile à gérer. Souvent, ceux qui sont impliqués dans la fornication ont du mal à s'en débarrasser ou de s'arrêter pour toujours. Parfois, ils sont à jamais incapables d'en venir à bout. Ceci laisse donc le champ libre à l'attaque du diable.

La fornication n'est pas seulement présente dans le monde, mais aussi dans l'église. Des centaines de femmes sont prêtes à coucher avec leur pasteur, si elles en ont l'opportunité.

Je me souviens quand un appel à l'autel fut fait pour les dames qui venaient à l'église avec l'intention de séduire et tenter le pasteur principal. La réponse fut stupéfiante ! Beaucoup de femmes sont venues et on a prié pour elles. Toutes étaient des femmes étrangères qui ont admis ouvertement qu'elles étaient à l'affût de la précieuse vie du pasteur. Il existe quatre types de femmes étrangères.

1. La femme étrangère calculatrice

Ce type de femmes étrangères sait exactement ce qu'elle fait. Elle est consciente de qui elle est et de ce qu'elle fait.

Son but est d'attirer les hommes, et d'entraîner les gens dans une relation sexuelle. Méfiez-vous de la femme étrangère calculatrice. Elle peut sembler innocente et inoffensive, mais elle calcule et se rapproche, étape par étape.

2. La femme étrangère non intentionnelle

Cette femme étrangère ne se rend pas compte qu'elle se comporte comme une femme étrangère. Elle a de nombreux symptômes et des signes de « l'étrangeté ». Parfois, les gens grandissent dans une culture de luxure et d'immoralité. Ils adoptent des caractéristiques de femmes étrangères par inadvertance. Ils s'habillent à moitié nus et n'y réfléchissent pas à deux fois.

Je me souviens d'avoir assisté un jour à une conférence pendant laquelle une dame originaire d'un autre pays tint un discours lors d'un dîner. Elle se tint à côté de sa fille et fit un exposé à quelques-uns des hommes de Dieu les plus nobles de l'époque. Malheureusement, une grande partie de ses seins et des seins de sa fille sortait. En fait, il n'y avait que leurs mamelons qui n'étaient pas visibles. Elles étaient complètement inconscientes de leur présentation. C'était tellement normal dans le pays d'où elles venaient. En effet, votre culture peut vous transformer en femme étrangère à votre insu.

3. La femme étrange professionnelle

Les personnes de ce groupe sont connues à travers le monde comme prostituées. La prostitution est l'un des plus vieux métiers du monde. Les prostituées sont généralement aperçues dans les rues et les coins sombres tentant d'attirer les gens. À part les femmes qui se font appeler prostituées, il y a beaucoup de femmes qui coucheraient avec un homme en échange d'un dîner, d'une paire de chaussures ou d'une sortie agréable. Ce sont des prostituées informelles mais ce sont aussi des prostituées, car elles troquent leur corps pour quelque chose. Il y a des gens qui obtiennent des promotions professionnelles en couchant avec leurs patrons. En d'autres termes, sur leur chemin vers le sommet, ils couchent. Méfiez-vous des prostituées informelles. Elles abondent dans notre monde moderne.

4. La femme étrangère spirituelle

De nombreuses églises sont pleines de femmes étrangères. Les femmes sont naturellement spirituelles et elles aiment chercher Dieu pour la sécurité qu'Il procure. Elles parlent en langues, elles lisent leur Bible, mais elles entretiennent aussi facilement des relations sexuelles avec n'importe qui.

L'église est pleine de vies précieuses. La Bible dit qu'elle est à l'affût des vies précieuses (Proverbes 6:26). Ces vies précieuses sont des hommes et des femmes qui aiment Dieu et qui Le serviraient de tous leur cœur. Satan ne va pas se contenter de s'asseoir et de permettre aux gens de servir Dieu. Plus les gens servent le Seigneur, plus c'est dangereux pour Satan et ses troupes. Les jeunes sont les cibles privilégiées des démons sexuels.

Le sexe est un acte de la chair. Les goûts sexuels, les appétits sexuels, et les styles sexuels sont des caractéristiques de la chair. Tout comme un homme acquiert le goût de certains aliments dans sa jeunesse, un homme acquiert aussi le goût de certaines expériences sexuelles tout jeune. Il est généralement difficile de se débarrasser de ce que vous avez appris dans votre jeunesse. C'est pourquoi les gens qui ont grandi dans des habitudes de sexe, d'homosexualité ou de pornographie trouvent à jamais très difficile de cesser de faire ces choses. Parfois, ils essayent et essayent, mais le corps s'est habitué au goût et a besoin de le faire pour être en paix.

Parfois, de nombreuses années s'écoulent et vous trouvez un pasteur retombant dans ce qu'il avait l'habitude de faire dans sa jeunesse. Par exemple, un Africain peut être marié à une Européenne depuis de nombreuses années. Parfois, trente ans après leur mariage, il explose finalement : « Je suis fatigué de pain, de salade, de saucisse et de sauces fades sans poivre. Je veux du piment, des ragoûts et des soupes épicées, de la farine de maïs et des ignames pilées. » Vous voyez, la chair a grandi sous régime de ces choses et il n'est pas facile de se débarrasser de ce que votre chair a appris à aimer.

C'est pourquoi le travail de la femme étrangère est si significatif. Une fois qu'elle vous a formé aux délices sexuels et aux expériences exotiques, vous aurez un goût pour ce genre d'excitation. Une fois que vous avez été formé à regarder les femmes étrangères en action dans des orgies sexuelles frénétiques et énergiques dans des films pornographiques, votre chair aura toujours de l'appétit pour cela. Malheureusement, ces appétits peuvent se réveiller tard dans la vie.

Quand Satan vous identifie comme une précieuse vie, il cherche à vous attaquer à travers les œuvres d'une femme étrangère. À travers à une femme étrangère, une vie précieuse deviendra une vie sans importance pour le ministère.

Chapitre 7

Les signes d'une femme étrangère

Il est important pour tout Chrétien d'être délivré des filets et des pièges de personnes étrangères. Dans la Bible, et en particulier dans le livre des Proverbes, Dieu nous a donné quelques-uns des signes par lesquels nous pouvons identifier une personne étrangère et l'éviter. Je veux vous montrer dix-neuf signes de la femme étrangère. Une femme étrangère peut présenter certains ou tous ces signes. Ne vous y trompez pas, si une femme ne manifeste pas certains signes.

Cette liste de signes est juste destinée à vous aider à identifier une femme étrangère parmi la foule.

1. Une femme étrangère a un groupe auquel elle s'identifie.

… un garçon… Il passait dans la rue, près de l'angle où se tenait une de ces étrangères...

Proverbes 7:7, 8

Cette histoire dans les Proverbes nous dit que le jeune homme naïf est allé dans son coin. La femme étrangère avait un coin. **Les personnes étrangères ont leurs coins spéciaux.** Elles ont aussi des groupes d'amis spéciaux avec qui elles se rassemblent à ces endroits spéciaux. Tout le monde a un ami. Il n'y a pratiquement personne sans ami. J'ai des amis, qui sont pratiquement tous des pasteurs.

Nous connaissons le proverbe : « Les oiseaux au même plumage volent ensemble » et « Qui se ressemble s'assemble » Ces paroles ne sont pas dans la Bible, mais elles sont vraies.

Les gens se déplacent en groupes, les gens de même sensibilité ensemble, **les amis avec des amis**. Les femmes païennes étrangères ont leurs coins spéciaux. Les quartiers chauds sont des coins populaires pour les personnes étrangères dans n'importe quel pays. Ce sont des endroits où vous êtes sûr de les trouver.

Ma femme m'a parlé d'un groupe de jeunes filles étrangères qu'elle connaissait quand elle était à l'école. Ce groupe particulier de jeunes filles sortaient toutes avec des hommes mariés, et elles se réunissaient fréquemment pour comparer leurs expériences. Parfois, on les entendre dire : « Lui avez-vous demandé les chaussures ? » Une autre dirait aussi : « Je lui ai dit de m'acheter le billet d'avion. » Elles avaient quelque chose en commun, par conséquent, elles restaient ensemble et s'influençaient mutuellement.

Les personnes étrangères se déplacent toujours dans des groupes spéciaux.

2. Une femme étrangère opère à des moments spécifiques.

Proverbes 7:9 dit qu'elle opère « au crépuscule, dans la soirée, au milieu de la nuit et de l'obscurité. »

Les femmes païennes étrangères opèrent dans la nuit sombre et noire. Les soirs sont des moments où le mal peut s'épanouir. Il est rare de les trouver dans leurs coins dans l'après-midi, mais dans la nuit, elles abondent.

La nuit noire et sombre signifie aussi le temps des difficultés et du stress. Beaucoup de gens rencontrent une femme étrangère quand ils traversent des difficultés. La nuit noire et sombre signifie moments de douleur, moments de confusion, moments où on ne sait vers qui se tourner et que faire.

En outre, vous êtes un jeune homme; vous ne devez pas être en compagnie de certaines personnes à certains moments. **Si vous êtes dans une relation, il y a des moments où vous ne devriez pas être avec votre bien-aimée (fiancée).** Si vous êtes un homme marié, vous n'êtes pas censé être à certains endroits avec certaines personnes à certains moments. Une femme mariée ne devrait jamais dîner au crépuscule avec son patron. Jamais !

Dans le cas de l'église, **les personnes étrangères n'assistent généralement pas aux réunions d'études bibliques du soir.** Elles assistent plus régulièrement aux messes du dimanche, car beaucoup plus de gens viennent à l'église, et elles peuvent montrer leurs plus beaux habits. **Vous ne verrez jamais de genre de personnes à des réunions de prière et de jeûne**, surtout si elles vont durer toute la nuit, ou plusieurs heures.

Elles seront toutefois les premières à se préparer si l'église va à la plage ou ailleurs pour passer du bon temps. Certaines de ces personnes sont assez audacieuses pour dire qu'elles ne vont à l'église que pour piéger un homme ou une femme chrétienne !

3. Une femme étrangère a une manière particulière de se vêtir.

... Et voici, il fut abordé par une femme ayant la mise d'une prostituée...

Proverbes 7:10

Une femme étrangère s'habille de façon suggestive et révélatrice. Vous pouvez les identifier par leurs habits. La Bible n'a pas dit qu'elle était une prostituée, mais qu'elle est venue dans la robe d'une prostituée. Si vous êtes une Chrétienne, il y a des vêtements que vous n'êtes pas censée porter. Un croyant doit se vêtir décemment. Si vous n'êtes pas une prostituée, mais vous vous habillez souvent comme une prostituée, alors vous avez l'une des caractéristiques d'une femme étrangère.

Les femmes étrangères s'habillent souvent de manière suggestive et révélatrice. Ce n'est pas seulement le vêtement qui parle, mais leur posture en dit long également. Vous pouvez immédiatement voir qu'elles cherchent quelque chose. Si vous osez venir à l'église avec un tel vêtement, alors il ne fait aucun doute que vous êtes étrangère. Certains de ces vêtements laissent voir la moitié des seins. Pourtant les seins d'une femme ne sont pas destinés à être exhibés en public. Je ne connais que deux raisons pour lesquelles les seins ont été faits :

1. Pour l'allaitement, et

2. Pour que les époux en profitent !

Mesdames, habillez-vous toujours décemment, ne vous habillez pas de manière suggestive ou révélatrice !

Le maquillage contribue à améliorer la beauté des femmes, mais il y a une limite. À un moment donné, le maquillage devient de trop et il envoie d'autres messages très clairs.

Une Chrétienne doit être belle, mais nous devons faire attention à ne pas franchir la limite de « l'étrangeté ». La Bible dit que la tentation arrivera sûrement, mais malheur à celui par qui vient la tentation.

4. **Une femme étrangère a eu des relations sexuelles et romantiques avec un bon nombre d'hommes.**

   ... Et ils sont NOMBREUX, *tous ceux qu'elle a tués.*

   Proverbes 7:26

En tant que Chrétiens, nous ne devrions pas juste poser de regard sur les gens, tomber amoureux et nous marier. Non ! Un mariage chrétien, c'est bien plus qu'un coup de foudre !

Au cours d'une visite pastorale dans le New Jersey, j'ai fait la connaissance d'une vieille femme afro-américaine. Dans sa maison, elle m'a montré les photos de ses enfants. Elle a dit qu'elle était bénie avec des fils qui étaient tous des prédicateurs. Cependant, elle a dit qu'elle avait perdu un de ses fils récemment.

Elle a dit que son fils, un pasteur à New York s'était marié avec une belle femme. Avant le mariage, ils avaient fait les tests de dépistage du SIDA, mais tous deux étaient négatifs. Alors il a épousé cette femme. Cependant, quelques mois après le mariage, elle a développé le SIDA, avec une diarrhée terrible, la perte de poids et tous les symptômes habituels.

Cette vieille dame m'a raconté qu'elle a essayé de convaincre son fils de rompre le mariage. Il a refusé et est mort quelques mois après son épouse. Cher ami, ce pasteur s'est marié avec quelqu'un qui avait probablement un mauvais passé - une femme étrangère ! Et il ne le savait même pas ! Il l'a payé de sa vie.

Un autre frère chrétien avait eu un beau mariage, mais plus tard, alors qu'il était seul à la maison avec sa femme, l'Esprit de Dieu lui a révélé des choses horribles sur sa femme. Il réalisa instantanément qu'elle n'était pas ce qu'il pensait qu'elle était. Il a été choqué de découvrir qu'elle avait couché avec beaucoup de pasteurs et d'hommes puissants.

Je ne dis pas qu'il ne faut pas vous marier avec quelqu'un qui a un passé. Mais vous devez connaitre son passé afin de vous protéger.

Rappelez-vous qu'une personne étrangère peut continuer de la même manière même après le mariage.

5. Une femme étrangère est frappante. Vous la remarquerez !

Elle était bruyante...

Proverbes 7:11

Méfiez-vous des femmes que vous remarquez. Elles vous frappent et vous vous en souvenez. Celle qui vous frappe a également frappé d'autres hommes. Les caractéristiques frappantes de cette femme étrangère ont attiré beaucoup d'hommes à elle comme des insectes volants attirés par la lumière. Les femmes étrangères sont bruyantes, et c'est pourquoi elles sont remarquables. Il y a plusieurs façons d'être bruyant. Ça peut être verbalement ou par l'apparence. Vous remarquerez aussi que ces personnes à leur habillement ostentatoire, à leurs fous rires et éclats de rire.

Il y a un type de d'accoutrement qui crie littéralement, amenant tous les regards à se tourner vers vous. Dans l'église, il y a ceux qu'on ne peut pas s'empêcher de remarquer. De toutes les façons, ils veulent probablement que vous les remarquiez. Rappelez-vous : « **Celle qui vous frappe a déjà été frappée !** »

Quand j'étais à l'école Achimota (une école secondaire dans mon pays), il y avait des moments où nous devions marcher du campus de l'est jusqu'au campus de l'ouest. J'ai parfois eu à marcher derrière un groupe de filles. Très souvent, je marchais plus vite et les dépassais. Mais à quelques mètres devant elles, je les entendais rire sottement.

Je n'avais aucune idée de ce qui les faisait rire. Il m'arrivait souvent de changer ma démarche, mais les éclats de rires s'amplifiaient. Après quelques expériences, dès que je voyais ces filles sur mon chemin, je ne faisais aucun effort pour dépasser ce groupe bruyant et étranger. Rappelez-vous qu'une femme avec un esprit doux et paisible est considérée comme précieuse aux yeux de Dieu.

6. Une femme étrangère est têtue.

Elle était ... rétive ;

Proverbes 7:11

L'obstination est un symptôme de la sorcellerie. Une sorcière est généralement têtue et résistante aux conseils, à l'instruction et aux suggestions. Elle est inflexible. Elle est inflexible et elle ne renonce pas. Le syndrome de la femme étrangère va de pair avec ce symptôme manifeste de l'obstination !

La Bible dit que la femme doit se soumettre à son mari. Le mot soumettre signifie « céder, se plier, être d'accord, ou obéir ». Une bonne épouse est censée céder, mais si elle est une femme étrangère, elle sera têtue. **Dans l'ordre de Dieu, le mari est à la tète et la femme suit.** Mais en ces jours de libération des femmes et avec la conférence de Beijing, vous avez toutes sortes de femmes s'élevant pour combattre toute autorité établie !

Chères femmes, vous n'êtes pas plus sage que Dieu. Peu importe ce que vous pensez et connaissez, et peu importe les théories avec lesquelles vous grandissez, il ne peut y avoir qu'un seul chef dans une maison. Tout animal à deux têtes est anormal et est un monstre.

Une femme étrangère est une personne dangereuse à épouser. Elle est têtue dans l'église, têtue à la maison et têtue au travail. Elle a toujours une raison ou une excuse pour ne pas faire ce qu'elle doit faire.

Méfiez-vous des femmes qui ne peuvent pas être convaincues et qui ne changent pas d'avis. Méfiez-vous des sœurs irréductibles et inflexibles. Vous pourriez avoir affaire à une femme étrangère.

Pharaon était si têtu que Dieu a dû lui parler par les mouches, les grenouilles, les morts, les tragédies et les catastrophes ! Vous n'avez pas besoin de vivre des expériences similaires. Ne soyez pas trop dures et ne soyez pas être trop têtues. Ce sont les traits d'une femme étrangère.

7. Une femme étrangère est toujours en train de sortir.

... Ses pieds ne restaient point dans sa maison;

Proverbes 7:11

Les personnes étrangères n'aiment pas rester à la maison. Une femme est supposée être hospitalière, afin de pouvoir prendre soin et de diriger la maison.

... que les jeunes se marient... qu'elles dirigent leur maison...

1 Timothée 5:14

Cela signifie également que la femme doit savoir faire la cuisine et gérer les personnes dans la maison. Il y a des sœurs chrétiennes qui ne savent pas faire la cuisine, parce qu'elles sont tout le temps à l'église, et ne sont jamais à la maison.

En fait, c'est une tragédie d'épouser une femme qui ne sait pas cuisiner ! Quand votre ragoût est placé devant vous, vous n'êtes pas capable de faire la différence entre cela et une soupe ! C'est souvent le sort des hommes qui épousent des femmes étrangères. Ils sont condamnés à une vie de nutrition misérable chaque jour.

Une des motivations pour rentrer à la maison après une dure journée de travail, c'est la nourriture à la maison.

8. Une femme étrangère est une prédatrice. Elle veut un homme !

Tantôt dans la rue, tantôt sur les places, Et près de tous les angles, elle était aux aguets.

Proverbes 7:12

Quand une femme veut un homme, elle est toujours dehors, dans les rues, à l'affût dans chaque coin, à attendre le moment opportun pour frapper. Ces femmes ne peuvent être satisfaites que lorsqu'elles sont avec un homme ou un autre.

... Et la femme mariée TEND UN PIEGE à la vie précieuse ...

Proverbes 6:26

Dans l'histoire de Proverbes 7, la femme étrangère agit comme si elle était à l'affût de cet homme-là en particulier. Toutefois, si le jeune homme naïf la refuse, elle va guetter le prochain homme et lui racontera la même histoire, comme si elle l'attendait en particulier.

9. Une femme étrangère aime le contact physique.

Elle le saisit et l'embrassa...

Proverbes 7:13

Les personnes étrangères aiment toucher les autres. Très souvent, elles serrent, embrassent, pressent leur corps contre les gens après lesquels elles courent. Lorsque vous marchez avec elles, elles ne veulent jamais vous quitter. Elles veulent toujours vous tenir ou vous serrer dans leurs bras.

La femme étrangère sait que, généralement, un homme peut être sexuellement excité par ce qu'il voit. Elle est également consciente qu'un homme aura du mal à résister à une caresse féminine. **Pour conquérir sa victime totalement, elle le fera céder en le touchant.** Certains frères et sœurs chrétiens ont aussi l'habitude de se tenir et de s'accrocher les uns aux autres. Faites attention !

10. Une femme étrangère est audacieuse et outrancièrement familière.

... l'embrassa... d'un air effronté...

Proverbes 7:13

La femme étrangère est très audacieuse et outrancièrement familière avec l'homme qu'elle veut avoir. Pourquoi parlez-vous de choses intimes à quelqu'un quand il ne s'agit que d'une simple connaissance ?

Les personnes étrangères essaient de se rapprocher et leur proximité met mal à l'aise. Sauf si vous êtes à un certain degré d'intimité avec une personne, vous n'avez même pas le droit de faire des commentaires sur ses cheveux ou son corps. Dès que vous devenez outrancièrement familier avec quelqu'un, vous avez franchi certaines limites. Les femmes étrangères ne ménagent aucun effort pour franchir ces limites.

11. Une femme étrangère n'a pas honte.

Tantôt dans la rue, tantôt sur les places,

Proverbes 7:12

Elle sort en plein air, pour aguicher en pleine rue, et ne ressent ni gêne ni honte de son comportement. Un jour, j'étais à Genève avec un de mes ministres, et nous parlions sérieusement avec un frère dans un restaurant. Il s'avéra que c'était près d'un endroit regorgeant de prostituées, et il y avait une prostituée qui était tellement énervante que nous avons demandé qu'elle sorte.

Au début, elle ne voulait pas sortir, alors nous avons appelé la police, et finalement elle a été chassée. Plus tard, nous étions en train de discuter lorsque l'une des prostituées est arrivée en manteau. Elle se tenait juste en face du restaurant, et a ouvert son manteau pour dévoiler son corps nu. Cette femme n'avait pas honte.

À notre insu, quand la première est sortie, elle est allée dire à toutes les autres prostituées que nous l'avions mise à la porte et donc cette autre femme étrangère est venue pour nous narguer. Les femmes étrangères n'ont pas honte. Elles ont été dénudées et déshabillées par *beaucoup* d'hommes dans de *nombreuses* circonstances et *plusieurs* fois ! La femme étrangère n'a pas honte.

Si vous êtes une femme, et que vous ne vous gênez pas pour exhiber votre corps, vos seins, vos cuisses, ou toute autre partie de votre corps, alors vous êtes étrangère ! Vous pouvez penser que vous êtes à la mode, mais en réalité, vous êtes exactement ce que la Bible appelle étrangère. Malheureusement, il y a des Chrétiens nés-de-nouveau qui n'ont pas honte de s'exhiber de la sorte.

12. Une femme étrangère est pleine de tromperie.

Elle le séduisit à force de paroles, Elle l'entraîna par ses lèvres doucereuses.

Proverbes 7: 21

Les mensonges d'une femme étrangère font partie de son arsenal. Un mensonge est une fenêtre dans l'obscurité d'une âme maligne. Un mensonge est un symptôme de nombreux malheurs cachés...

Un homme étranger peut vous dire : « Je vous aime. Vous êtes tout pour moi. Regardez, je vais vous épouser de toute façon, si vous m'aimez, montrez-le ! Je vous aime, c'est pourquoi je veux coucher avec vous. Je veux juste exprimer mon amour pour vous. » Donc, par des mensonges, un homme peut frayer son chemin dans votre vie.

Mon pasteur disait que si quelqu'un vous dit qu'il vous aime et veut vous exprimer son amour en couchant avec vous, *dites-lui qu'il peut vous exprimer son amour en vous achetant des chocolats !*

D'un autre côté, il y a des femmes qui flattent également les hommes, surtout les hommes puissants. Certaines sont très expérimentées pour faire des éloges aux pasteurs. Elle vous dira que vous êtes un homme oint de Dieu. **Avec ces mots en apparence inoffensifs, une femme étrangère peut frayer son chemin dans le cœur d'un homme de Dieu sans méfiance.**

La foi vient de ce qu'on entend, donc quand vous entendez sans cesse de telles paroles, vous allez finir par y croire et par céder.

13. Une femme étrangère vous attire par la nourriture.

J'ai orné mon lit de couvertures...

Proverbes 7:16

Le mot « lit » en hébreu est *« arsi »* qui fait référence à un canapé à manger, et pas à un lit.

Elle disait qu'elle avait mis la table. Donc, cette femme étrangère attirait le jeune homme par la nourriture. **Ces personnes étrangères inviteront très souvent à manger ceux qu'elles ciblent.** Si vous êtes un jeune frère célibataire, vous pourriez vous exposer à ces personnes étrangères si vous allez manger n'importe où.

Un pasteur visitant ses membres doit se rappeler que le rapport avec eux concerne le salut de leurs âmes. Vous n'êtes pas censé aller manger de maison en maison. Dans une certaine mesure, le dicton selon lequel *« le chemin vers le cœur d'un homme passe par son estomac »* est vrai. La nourriture est bonne, mais elle peut être utilisée pour vous piéger.

Ne mange pas le pain de celui dont le regard est malveillant...

Proverbes 23:6

Parfois votre estomac peut contribuer à votre chute.

En tant que Chrétien, pasteur et mari, je ne sors pas de déjeuner avec n'importe qui. Une fois, j'ai vu un frère chrétien qui avait déjà une fiancée, assis avec une autre femme autour d'un dîner aux chandelles. J'ai été très surpris, parce qu'il cherchait les ennuis. Je me suis vraiment demandé s'il épouserait tout de même sa fiancée.

14. Une femme étrange parle de son intérêt pour le sexe.

Viens, ENIVRONS-NOUS D'AMOUR JUSQU'AU MATIN...

Proverbes 7:18

Beaucoup de maris prient pour que leurs épouses viennent

leur dire : « Chéri, j'ai envie de toi maintenant ! » Certaines épouses chrétiennes pourraient apprendre une ou deux leçons des femmes étrangères !

Beaucoup d'épouses ne sont pas prêtes pour les rapports sexuels ou n'en veulent pas. Donc, c'est excitant pour un homme de rencontrer une femme qui veut avoir des rapports sexuels avec lui. **Si une femme vient vers un homme et lui fait savoir qu'elle a envie de lui, cela lui parait formidable.**

15. Une femme étrangère est une étrangère.

Dis à la sagesse : Tu es ma sœur ! Et appelle l'intelligence ton amie pour qu'elles te préservent de la femme étrangère, DE L'ETRANGERE qui emploie des paroles doucereuses.

Proverbes 7:4-5

Vous ne savez vraiment pas grand-chose d'une femme étrangère. Elle est mystérieuse au sujet de son passé et donne des réponses vagues à toutes vos questions. Quand vous lui demandez avec combien d'hommes elle a couché, elle va dire « un ou deux » alors qu'en réalité, elle a couché avec un ou deux cents.

Une femme étrangère est pleine de surprises. Un secret mène à un autre. Votre vie avec une femme étrangère sera une vie de découvertes. Vous ferez des nouvelles découvertes et plus encore sur votre partenaire au fil des années. En fin de compte, vous découvrirez que vous ne l'avez jamais vraiment connue.

Dans la nuit de son mariage, un homme a été informé que sa soi-disant femme était en fait un kamikaze. Il ne croyait pas ce qu'on lui disait. Mais quand il a réfléchi à cette information choquante, il s'est rendu compte qu'il ne savait pas grand-chose à son sujet. Tel est le monde d'une femme étrangère. Elle est en effet une étrangère, et vous ne pouvez pas connaître la vie qu'elle a vécue avant ou le monde d'où elle est venue.

16. Une femme étrangère aime bien paraître spirituelle ou religieuse.

Je devais un sacrifice d'actions de grâces, Aujourd'hui j'ai accompli mes vœux.

Proverbes 7:14

Il y a des femmes étrangères dans les sections les plus spirituelles de l'église. J'ai connu autrefois une guerrière de prière experte, qui était une femme étrangère expérimentée. De son propre aveu et de ses propres mots, elle avait couché avec plus de deux cents garçons différents. Et pourtant, cette fille étrangère était la sœur qui priait le plus. La spiritualité apparente des gens ne signifie pas que leur sainteté est réelle.

La femme étrangère a dit : « Je suis aussi une croyante. » Elle utilisait tous les moyens pour le convaincre qu'elle était aussi une croyante, tout comme lui. Il y a beaucoup de croyants étrangers dans les églises, même les plus charismatiques. Elle a dit qu'elle avait payé ses dîmes.

C'était une femme étrangère très rusée qui savait que sa victime était une personne religieuse. Elle savait qu'elle ne pourrait jamais se rapprocher de lui, sauf si elle se comportait comme une personne spirituelle. Alors, elle s'est présentée comme quelqu'un qui obéissait aux commandements de Dieu : Elle avait déjà payé ses serments et fait la paix avec Dieu.

17. Une femme étrangère séduit par sa beauté et ses yeux.

Ne la convoite pas dans ton cœur pour sa beauté, Et ne te laisse pas séduire par ses paupières.

Proverbes 6:25

Elle est belle, et elle le sait. Une femme étrangère exhibe sa beauté d'une manière frappante. Vous ne devez pas vous laisser prendre au piège de ses paupières. Lorsque vous établissez un contact visuel avec quelqu'un, vous pouvez parler à la personne. C'est une forme de communication. C'est pourquoi je regarde les visages des gens quand je prêche. Je communique avec eux. La femme étrangère, avec la pratique au fil des ans, sait comment communiquer efficacement ses intentions charnelles à un homme.

La Bible nous avertit de ne pas la convoiter. Donc, si vous remarquez qu'elle est belle, ça devrait être là fin de l'histoire. Ne convoitez pas sa beauté ! La luxure est un désir animal pour la satisfaction sexuelle.

18. Une femme étrangère est fourbe et sournoise.

... les lèvres de l'étrangère... plus doux que l'huile: ... Elle est errante dans ses voies...

Proverbes 5:3, 6

Une femme étrangère n'est pas directe ; toutes ses voies sont mobiles et instables. Ecclésiaste 7:26 dit :

« Et j'ai trouvé plus amère que la mort la femme dont le cœur est un piège et un filet... »

En tant que pasteur, si vous ne pouvez pas identifier la femme étrangère, vous pouvez facilement en être la proie.

Il y a des femmes étranges qui viennent voir le pasteur avec leurs nombreux problèmes. Elles fondent en larmes très facilement. Si vous n'êtes pas expérimenté, vous sortirez votre mouchoir et tenterez de la consoler. La femme étrangère profite de l'amour et de la bonté du pasteur.

La Bible dit que son cœur est plein d'idées et de pièges. Quand vous êtes un jeune homme vous ne savez pas toujours quand vous marchez au milieu d'elles. Certaines femmes viennent à l'église et presque immédiatement, un jeune homme leur fait la cour. Malheureusement, beaucoup de jeunes hommes recherchent les plus beaux visages. Un jeune homme peut facilement tomber dans ces pièges, et finir par se marier avec une femme étrangère.

De la même manière, des femmes chrétiennes sont impressionnées par l'apparence extérieure des hommes étrangers, et acceptent leur proposition, juste pour être embarquée dans une sortie étrangère !

19. Une femme étrangère est attirée par les hommes importants.

Car elle a fait tomber beaucoup de victimes, Et ils sont nombreux, tous ceux qu'elle a tués.

Proverbes 7:26

Il y a quelques années, mon ami pasteur m'a dit que les filles étaient attirées par les hommes importants ou célèbres. Il m'a dit : « Quand vous jouez d'un instrument, montez sur scène, ou êtes un leader, vous êtes susceptible d'être une attraction pour les femmes étrangères. » Chaque classe de personnes importantes — pasteurs, chanteurs, hommes d'affaires, chefs d'états, et ainsi de suite, ont leur catégorie de femmes étrangères qui sont attirées par eux. Par conséquent, si Dieu vous élève, vous devez vous méfier de ces personnes étrangères. **Ma prière est que Dieu vous délivre des pièges des personnes étrangères !**

Chapitre 8

Les femmes étrangères dans la Bible

Une femme étrangère est une personne qui corrompt et gâte l'église, ainsi que les ministères des individus. La Bible fait mention de nombreux exemples de femmes qui ont été utilisées comme des armes pour corrompre et détruire les serviteurs de Dieu.

Les sept femmes étrangères de la Bible

1. LA FEMME ÉTRANGÈRE CLASSIQUE : L'ÉTRANGÈRE, LA PRÉDATRICE, LA FEMME DIABOLIQUE

Car les lèvres de l'ETRANGERE distillent le miel, Et son palais est plus doux que l'huile ; Mais à la fin elle est amère comme l'absinthe, Aiguë comme un glaive à deux tranchants. Ses pieds descendent vers la mort, Ses pas atteignent le séjour des morts. Afin de ne pas considérer le chemin de la vie, Elle est errante dans ses voies, elle ne sait où elle va.

Et maintenant, mes fils, écoutez-moi, Et ne vous écartez pas des paroles de ma bouche. Éloigne-toi du chemin qui conduit chez elle, Et ne t'approche pas de la porte de sa maison,

De peur que tu ne livres ta vigueur à d'autres, Et tes années à un homme cruel ; De peur que des étrangers ne se rassasient de ton bien, Et du produit de ton travail dans la maison d'autrui ; De peur que tu ne gémisses, près de ta fin, Quand ta chair et ton corps se consumeront, Et que tu ne dises : Comment donc ai-je pu haïr la correction, Et comment mon cœur a-t-il dédaigné la réprimande ?

Comment ai-je pu ne pas écouter la voix de mes maîtres,
Ne pas prêter l'oreille à ceux qui m'instruisaient ?

Proverbes 5:3-13

Ils te préserveront de LA FEMME CORROMPUE, De la langue douceureuse de L'ÉTRANGÈRE. Ne la convoite pas dans ton cœur pour sa beauté, Et ne te laisse pas séduire par ses paupières. Car pour la femme prostituée on se réduit à un morceau de pain, Et la FEMME MARIÉE TEND UN PIEGE À LA VIE PRÉCIEUSE.

Proverbes 6:24-26

Observe mes préceptes, et tu vivras ; Garde mes enseignements comme la prunelle de tes yeux. Lie-les sur tes doigts, écris-les sur la table de ton cœur. Dis à la sagesse: Tu es ma sœur! Et appelle l'intelligence ton amie, Pour qu'elles te préservent de la femme étrangère, De l'étrangère qui emploie des paroles douceureuses.

Proverbes 7:2-5

Ces passages sont à la base de ce livre. Ils décrivent les caractéristiques d'une femme étrangère et l'effet qu'elle aura sur une personne. Souvenez-vous de trois choses au sujet de la femme étrangère classique.

Souvenez-vous qu'elle est une étrangère, vous ne la connaissez vraiment pas. Elle vous raconte une partie de son histoire pour vous rendre heureux et vous persuader que vous savez avec qui vous êtes.

Souvenez-vous qu'elle est une mauvaise personne, peu importe sa beauté. La beauté n'est pas habituellement associée au mal. Nous associons la beauté à des choses belles et heureuses. Mais la Bible l'appelle mauvaise femme. Lorsque vous rencontrez une femme étrangère, n'oubliez pas que vous rencontrez le mal bien emballé et bien présenté.

Souvenez-vous également qu'en fait, c'est elle qui vous chasse, même si vous pensez que c'est vous qui êtes après elle.

C'est incroyable, mais la femme étrangère chasse un homme comme un lion chasse une l'antilope.

2. DAME TAMAR

Tamar était une femme étrangère parce qu'elle a amené le serviteur de Dieu à avoir un enfant avec elle, même s'il n'avait pas l'intention d'avoir un enfant avec elle. Elle savait exactement ce qu'elle faisait et avant que Juda ne se rende compte de ce qui se passait, il l'avait déjà mise enceinte. Une femme qui est à l'affût et use des astuces pour avoir des rapports sexuels et faire un enfant avec vous est aussi une femme étrangère.

Pourquoi un homme penserait-il que vous êtes une prostituée ? Pourquoi un homme penserait-il que vous êtes disponible pour le sexe ? Cette dame, Tamar, a transmis ces deux messages avec beaucoup de brio. Méfiez-vous des femmes qui transmettent ces messages.

Alors elle ôta ses habits de veuve, elle se couvrit d'un voile et s'enveloppa, et elle s'assit à l'entrée d'énaïm, sur le chemin de Thimna; car elle voyait que Schéla était devenu grand, et qu'elle ne lui était point donnée pour femme.

JUDA LA VIT, ET LA PRIT POUR UNE PROSTITUEE, parce qu'elle avait couvert son visage. Il l'aborda sur le chemin, et dit : Laisse-moi aller vers toi. Car il ne connut pas que c'était sa belle-fille. Elle dit : Que me donneras-tu pour venir vers moi ? Il répondit : Je t'enverrai un chevreau de mon troupeau. Elle dit : Me donneras-tu un gage, jusqu'à ce que tu l'envoies ?

Genèse 38:14-17

3. DAME MICAL

Dame Mical avait été envoyée pour charmer le roi David et le faire tomber dans un piège. Quand une femme est en mission pour piéger un homme, elle est une femme étrangère. La Bible nous dit que la femme, Mical, était censée être un piège pour David. Pas étonnant qu'il la repoussa le jour où elle se moqua de lui dansant devant l'Éternel. Peut-être fut-il guidé à se déconnecter d'elle parce que le but de son existence entière était de tendre un piège au roi David.

> Mical, fille de Saül, aima David. On en informa Saül, et la chose lui convint. Il se disait : JE LA LUI DONNERAI, AFIN QU'ELLE SOIT UN PIEGE POUR LUI, et qu'il tombe sous la main des Philistins. Et Saül dit à David pour la seconde fois : Tu vas aujourd'hui devenir mon gendre.

1 Samuel 18:20-21 (NASB)

4. DAME DELILA

Delila est peut-être la femme étrangère la plus célèbre de la Bible. Sa conquête de Samson et sa destruction de son ministère est une histoire célèbre, mais triste. Grâce à sa ruse et des paroles alléchantes elle a surpassé les facultés de raisonnement de Samson et l'a mis à ses genoux. Oh, combien est puissant l'attrait du sexe chez l'homme affamé et désireux ! C'est à cette faiblesse de tous les hommes que la femme étrangère s'attaque.

> Après cela, il aima une femme dans la vallée de Sorek. Elle se nommait Delila.

> Les princes des Philistins montèrent vers elle, et lui dirent : FLATTE-LE, POUR SAVOIR D'OU LUI VIENT SA GRANDE FORCE et comment nous pourrions nous rendre maîtres de lui; nous le lierons pour le dompter, et nous te donnerons chacun mille et cent sicles d'argent.

> Delila dit à Samson : Dis-moi, je te prie, d'où vient ta grande force, et avec quoi il faudrait te lier pour te dompter.

Juges 16:4-6

Delila, voyant qu'il lui avait ouvert tout son cœur, envoya appeler les princes des Philistins, et leur fit dire : Montez cette fois, car il m'a ouvert tout son cœur. Et les princes des Philistins montèrent vers elle, et apportèrent l'argent dans leurs mains.

ELLE L'ENDORMIT SUR SES GENOUX. Et ayant appelé un homme, elle rasa les sept tresses de la tête de Samson, et commença ainsi à le dompter. Il perdit sa force.

Juges 16:18-19

5. LES FEMMES ÉTRANGERES DE BALAAM

Mais j'ai quelque chose contre toi, c'est que tu as là des gens attachés à LA DOCTRINE DE BALAAM, QUI ENSEIGNAIT à Balak à mettre une pierre d'achoppement devant les fils d'Israël, pour qu'ils mangeassent des viandes sacrifiées aux idoles et qu'ils SE LIVRASSENT À L'IMPUDICITÉ.

Apocalypse 2:14

Ces femmes des Midianites étaient utilisées par le prophète Balaam pour inciter les hommes d'Israël à avoir des relations sexuelles avec elles. Quand ils eurent des relations sexuelles avec les femmes, ils tombèrent en disgrâce aux yeux de Dieu et ouvrirent la porte au diable pour qu'il les détruise. Encore une fois, vous verrez que le schéma est le même, utiliser la femme étrangère qui n'a pas peur de coucher avec un homme pour amener une précieuse vie à tomber. Le jugement de Dieu contre la femme étrangère est généralement très sévère.

Il leur dit : AVEZ-VOUS LAISSE LA VIE A TOUTES LES FEMMES ? Voici, CE SONT ELLES QUI, SUR LA PAROLE DE BALAAM, ONT ENTRAINÉ LES ENFANTS D'ISRAËL A L'INFIDELITÉ envers l'ÉTERNEL, dans l'affaire de Peor ; et alors éclata la plaie dans l'assemblée de l'ÉTERNEL. Maintenant, tuez tout mâle parmi les petits enfants, et TUEZ TOUTE FEMME qui a connu un homme en couchant avec lui ;

Nombres 31:15-17

6. LES FEMMES ÉTRANGÈRES DE L'ENVAHISSEUR.

Celui qui marchera contre lui fera ce qu'il voudra, et personne ne lui résistera ; il s'arrêtera dans le plus beau des pays, exterminant ce qui tombera sous sa main.

Il se proposera d'arriver avec toutes les forces de son royaume, et de conclure la paix avec le roi du midi ; IL LUI DONNERA SA FILLE POUR FEMME, DANS L'INTENTION D'AMENER SA RUINE ; mais cela n'aura pas lieu, et ne lui réussira pas.

Daniel 11:16-17

Dans ce passage, une jeune femme a été donnée comme un acte de guerre. Connaissant la puissance du désir sexuel ainsi que la capacité des femmes à corrompre, les femmes ont été ouvertement utilisées comme armes de guerre pour détruire l'ennemi. Chaque ministre de l'Evangile doit reconnaître certaines femmes comme armes de guerre déployées contre lui.

7.   LA FEMME ÉTRANGÈRE DE BABYLONE

Parce que ses jugements sont véritables et justes ; car il a jugé la grande prostituée QUI CORROMPAIT LA TERRE PAR SON IMPUDICITE, et il a vengé le sang de ses serviteurs en le redemandant de sa main.

Apocalypse 19:2

Et parce QU'ON A TROUVE CHEZ ELLE LE SANG des prophètes et des saints et de tous ceux qui ont été égorgés sur la terre.

Apocalypse 18:24

Ciel, réjouis-toi sur elle ! Et vous, les saints, les apôtres, et les prophètes, réjouissez-vous aussi ! CAR DIEU VOUS A FAIT JUSTICE EN LA JUGEANT.

Apocalypse 18:20

La femme étrangère de Babylone est présentée dans Apocalypse chapitre 18 et 19 comme une personne remplie de démons à cause de ses fornications. Elle est jugée pour sa vie de luxe et ses relations sexuelles avec tant de rois de la terre. Non seulement cette femme avait des relations sexuelles avec de nombreux rois, mais elle a aussi détruit les vies de saints apôtres et prophètes. À travers la vie de cette femme, de grands ministères ont été détruits et beaucoup d'âmes n'ont pas pu être sauvées. Il n'est pas étonnant que son jugement soit si sévère dans le livre de l'Apocalypse. Ces passages devraient peut-être servir de leçon aux femmes qui ont prêté leur corps pour détruire les hommes à travers les rapports sexuels.

Les penchants et les tendances sexuels des hommes sont bien connus des femmes étrangères expérimentées qui les exploitent pour les détruire. Il semble que Dieu reconnaît la faiblesse des hommes et déverse plutôt son jugement sur la femme étrangère de Babylone. Dans la révélation finale, nous voyons comment Dieu a été irrité par la femme étrangère de Babylone. Il l'a détruite avec beaucoup de feu et de soufre. Les rois de la terre se tenaient de côté et s'émerveillaient de ces destructions infligées à la femme. Dieu a appelé les apôtres et les prophètes Ses saints disciples. Toutes les femmes étrangères devraient prendre note de ces mots, car il s'agit d'une prophétie de la ruine de toutes les femmes étrangères qui tentent les serviteurs de Dieu.

Chapitre 9

Dix clés pour comprendre votre attirance pour les femmes

1. Comprenez ce qu'est la beauté

Le cri silencieux de nombreux jeunes hommes est : « Je vois une belle fille ! Je veux avoir une belle fille ! Je veux épouser une belle fille. »

Cependant, de nombreux jeunes hommes ne comprennent pas leur attirance pour les femmes.

Dieu est très inquiet au sujet de la personne qui vous attire. La personne qui vous attire pourrait devenir votre petite amie ou votre femme. Elle pourrait donc détruire votre vie ou vous aider.

Beaucoup de choses vont se passer et beaucoup « d'eau va couler sous les ponts ». **Est-ce que votre mariage va vous renforcer ou vous briser ?** C'est ce qui préoccupe Dieu.

Quand Dieu instruisait les Israélites, il s'inquiétait de qui les attirait. Il savait que ceux qui se rapprochent des Israélites pouvaient détourner leurs cœurs loin de Lui. *Dieu savait que la femme pourrait influencer le mari et le mari pourrait influencer la femme. Je suis un homme marié.* J'influence ma femme et ma femme m'influence. C'est aussi simple que cela.

Parfois les hommes pensent que parce qu'ils sont les chefs de famille, ils vont toujours diriger. Mais vous devez vous rendre compte que votre épouse vous influence.

Salomon était un grand homme. Il eut sept cents femmes et trois cents concubines « officielles ». (Imaginez à combien de dédicaces de bébés il a dû assister) !

Salomon était un homme sage. Un jour, Salomon a prié Dieu d'une manière qui a vraiment touché le cœur de Dieu. Il n'a pas demandé de l'argent ou une nouvelle voiture ; il a plutôt demandé à Dieu de lui donner la sagesse pour être un bon leader. Dieu a été tellement touché qu'il a décidé de donner plus de sagesse à Salomon ainsi que toutes les richesses qu'il n'a pas demandées.

Mon frère, vous voyez vous-même que Salomon aimait vraiment Dieu. Pouvez-vous constater qu'il a vraiment été appelé par Dieu ? Et pourtant, vers la fin de sa vie, Salomon commença à rétrograder. Il est devenu un fétichiste. Il est devenu idolâtre. Il a quitté le ministère et a démissionné de son église.

À l'époque de la vieillesse de Salomon, ses femmes inclinèrent son cœur vers d'autres dieux ; et son cœur ne fut point tout entier à l'Éternel, son Dieu, comme l'avait été le cœur de David, son père.

1 Rois 11:4

Il a bien commencé, mais mal fini. Comment cela a-t-il pu arriver à Salomon ? La réponse est simple. *Salomon a épousé les mauvaises femmes !*

Tout d'abord, certaines de ses épouses n'étaient pas croyantes. Deuxièmement, même si certains d'entre elles l'étaient, elles l'étaient très partiellement. Certaines de ses concubines n'aimaient pas le ministère autant que lui. Rappelez-vous, Salomon avait la plus pure des ferveurs. Personne n'a jamais prié comme Salomon.

Certaines de ces femmes aimaient tout simplement le prestige de se marier au roi Salomon. Cela leur importait peu d'être la 21e ou 75e femme. Tout ce qui leur importait c'était la position (de nombreuses femmes ont l'esprit orienté vers la position).

Après de nombreuses années, l'effet des mauvais mariages et relations a commencé à se faire ressentir. Salomon n'était pas aussi fort qu'il l'était auparavant. Il ne pouvait plus continuer à se quereller avec ses femmes au sujet de l'église. Salomon était fatigué de se disputer au sujet d'où aller pour la communion. Salomon voulait la paix dans sa vieillesse. Alors il « suivait le flot » seulement avec ses épouses rétrogrades.

Mon cher ami, si c'est ce qui est arrivé à Salomon dont le nom est dans la Bible, que pensez-vous qu'il vous arrivera ? Si vous faites l'erreur de vous attacher à la mauvaise personne, vous pourriez vivre dans le regret.

Les frères spirituels diront : « Oh, je l'aime, car elle est si spirituelle. »

Les frères aristocrates diront : « Oh, je l'aime, parce qu'elle est tellement instruite. »

La tribu Goobley-Gob dira : « Je l'aime parce qu'elle est de ma tribu. »

Qu'un homme soit spirituel ou pas, il est attiré par la beauté d'une femme.

Le mariage est quelque chose que vous ne devez pas prendre à la légère ou sans motif, mais sobrement et dans la crainte du Seigneur, en étudiant dûment les causes pour lesquelles le mariage a été ordonné.

Puisque la beauté physique est si puissamment séduisante, il est important de comprendre comment elle fonctionne. Si vous ne la comprenez pas, elle vous dominera et vous mènera le long d'un chemin sombre, dangereux et glissant.

2. Comprenez que la beauté est importante

... la beauté est vaine...

Proverbes 31: 30

La beauté a le pouvoir de vous attirer. De ce verset, on peut conclure que la beauté n'est pas importante. **Mais ce n'est pas vrai. La beauté est vaine, mais très importante.**

Pourquoi la beauté est-elle donc vaine ? La beauté est vaine parce qu'elle va faner.

Une vieille dame est venue une fois à mon église pour servir. Elle a pris la photo d'une très belle jeune fille et a demandé à la congrégation de l'identifier. Tout le monde a dit que la photo était celle de sa fille. Sa réponse a été une grande surprise. Elle a révélé que c'était elle sur la photo. Cette vieille dame avait beaucoup changé au fil du temps. Sa beauté avait disparu.

La vieille dame nous a dit : « Regardez comme je suis laide. »

Elle a continué en soulignant que la vie était comme une vapeur, apparaissant pendant une courte période, puis disparaissant. J'ai réalisé à quel point la beauté était vraiment éphémère. La beauté est vaine parce qu'elle va s'estomper.

Si tout ce que vous recherchez chez un(e) partenaire, c'est la beauté, alors lorsque cette beauté va commencer à diminuer au fil des années, vous irez chercher un autre beau visage. Bien que la beauté se fane, elle est toujours importante, parce que la personne que vous allez épouser doit être agréable à vos yeux ! Après tout, vous n'aurez le regard braqué que sur elle jusqu'à votre mort.

Voici le secret que chaque femme doit savoir. Votre beauté est importante pour captiver et garder l'attention de votre mari. S'il vous a fallu paraître belle pour l'avoir, alors il vous faudra paraître belle pour le garder !

Certains Chrétiens qui se sentent conduits par l'Esprit Saint ne regardent pas la beauté de la personne de leur choix. Ne faites pas l'erreur de fermer les yeux au moment de choisir un(e) partenaire.

Mais la Bible nous dit :

... elle (il) est libre de se marier à qui elle (il) veut...
1 Corinthiens 7:39

Vous devez épouser la personne que vous voulez épouser !

N'épousez pas quelqu'un juste parce qu'il vous a été recommandé. Vous devez être satisfait et heureux de ce que vous voyez. Vous allez vivre avec cette personne. Le mariage est quelque chose que vous devez savourer et endurer. Vous devez épouser quelqu'un qui vous paraît visuellement agréable !

Quand j'ai rencontré ma femme pour la première fois, je pensais qu'elle était la personne la plus belle au monde. Et je continue de le penser. Sa beauté physique a toujours été importante pour mon attirance pour elle. La beauté comptera dans votre bonheur et votre satisfaction dans le mariage.

3. Comprenez que tout le monde est beau

Toute femme est belle. Chaque femme a le pouvoir d'attraction. Il n'y a personne qui ne soit pas beau d'une manière ou d'une autre.

Je te loue de ce que je suis une créature si merveilleuse...

Psaumes 139:14

Tout le monde a une certaine beauté en soi. Vous ne devriez jamais penser que vous n'êtes pas beau (belle). Dieu a pris le temps de vous concevoir, de créer votre nez de la façon dont il est. Peut-être a-t-il fait vos oreilles petites, et vos lèvres aussi pleines qu'elles le sont.

Dieu n'a pas fait de vous une déception ou une catastrophe. Il ne fait pas de telles choses.

Si vous êtes petit, être petit est beau. Si vous êtes noir, être noir est beau, et si vous êtes blanc, être blanc, est tout aussi beau.

Je suis noire, mais je suis belle,...

Cantique des cantiques 1:5

Je ne sais pas ce que vous êtes, mais Dieu vous a fait de cette façon. Regardez-vous dans le miroir, et admirez-vous. Il n'est pas nécessaire de modifier une quelconque partie de votre corps.

Acceptez ce que vous êtes, et croyez que vous êtes beau (ou belle), parce que Dieu vous a créé. Certaines femmes se considèrent comme laides parce que quelqu'un s'est moqué d'elles quand elles étaient jeunes. Peut-être qu'à l'école on vous a attribué des surnoms. Ainsi, même si vous êtes devenue une belle demoiselle, vous croyez encore ces mensonges.

N'écoutez pas ces mensonges, ils sont simplement jaloux de vous. Quand les gens se moquent de vous, ils sont probablement jaloux de vous parce que vous avez quelque chose qu'ils n'ont pas. Vous devez commencer par apprécier la beauté dans tout ce que Dieu a créé. Certaines personnes ne sont pas heureuses de ce qu'elles ont. Mais il y a une certaine beauté en chaque homme et en chaque femme.

Regardez-vous encore dans le miroir et dites : « Seigneur, je te remercie parce que je suis une créature si merveilleuse ! »

4. Comprenez que la beauté est quelque chose de subjectif

En tant qu'Africain, je me suis toujours étonné de la grande ressemblance entre les Chinois. Parfois, je n'ai pas pu faire la différence entre deux femmes chinoises. Parfois, elles se ressemblent, avec les mêmes yeux, le même visage, et la même la couleur de peau. C'est ma perception.

Toutefois, un homme chinois sera capable de voir la différence. Pour lui, certaines de ces femmes chinoises sont d'une beauté foudroyante et certaines sont même laides. Mais pour un Africain, elles peuvent sembler toutes pareilles.

De la même manière, un Chinois peut ne pas être capable de faire la différence entre les deux Africaines. Nous jugeons la beauté sur la base de ce que nous avons appris dans notre société. Notre environnement influence notre perception.

L'Africain typique observera un certain nombre de caractéristiques physiques avant de conclure qu'une femme est belle. Il peut s'intéresser à la façon dont elle est dodue, la rondeur de ses fesses ! L'Européen pourrait rechercher une femme qui est mince et grande !

J'ai choisi ma femme parce que, pour moi, elle est belle. La beauté dépend donc de celui ou celle qui regarde. Soyez sûr de votre choix, car il dépend de vous.

La beauté dépend de celui qui regarde. Alors, soyez sûr de votre choix.

5. Comprenez que chaque âge a sa beauté

Il y a la beauté que possède une jeune fille de seize ans qu'une femme de trente ans ne possède pas. Il y a la beauté que possède une femme de trente ans qui est différente de celle d'une fille de seize ans. Il y a la beauté de la femme de quarante-deux ans, et la autre beauté de la femme de cinquante-six ans. À chaque âge, une personne possède une beauté particulière. Par conséquent, il est inutile de souhaiter que votre femme ou votre mari soit de nouveau âgé(e) de seize ans.

Chaque âge a son propre type de beauté, qui ne peut pas être répété. Vous ne pouvez pas redevenir jeune !

La beauté de chaque âge est donnée par Dieu. Vous ne pouvez jamais revenir à la beauté d'un âge passé. Vous ne pouvez pas revenir en arrière et vous ne pouvez pas aller de l'avant. Vous êtes ce que vous êtes.

Certaines personnes pensent que vous ne pouvez être belle que lorsque vous êtes très jeune. Mais ce n'est pas vrai. Je connais certaines belles femmes quinquagénaires. Je connais certaines belles femmes sexagénaires. A chaque étape de votre vie Dieu vous rend attrayant(e).

6. Comprenez que la beauté est comme une fleur

… et qu'elle ait passé LA FLEUR de son âge…qu'ils se marient.

1 Corinthiens 7:36 (Darby)

L'attirance a un point où elle s'épanouit comme une jolie fleur. La plupart des plantes ont une période de floraison. Et la plante qui fleurit est celle qui est attrayante pour les insectes et les humains.

La même chose peut se dire de la femme. Il y a un âge dans la vie d'une femme que nous appelons la fleur de l'âge, ou la fleur de sa beauté. C'est à ce moment que vous êtes la plus remarquable. C'est alors que vous êtes la plus belle, et que les hommes se proposent à vous.

Pour certaines femmes, cette étape dure une courte période, mais pour d'autres elle est plus longue. Malheureusement, le développement de l'esprit et la maturité de la plupart des sœurs chrétiennes ne correspondent pas au développement de leur beauté. Cela conduit de nombreuses d'entre elles à rejeter le bon partenaire.

Quand elles sont à ce stade, un frère peut leur proposer de les épouser et elles en rient.

Ce n'est pas parce que vous êtes dans la fleur de l'âge que vous pouvez rire des gens qui veulent vous épouser. Vous continuez à repousser les prétendants. Vous faites des blagues à leur sujet. Vous montrez à d'autres personnes les lettres qu'ils vous ont écrites. Mais ce que vous ne savez pas, c'est que cette période ne dure pas éternellement. Vous ne devez pas utiliser seulement vos émotions. Vous devez utiliser votre esprit. Fiez-vous à l'Esprit de Dieu et aux sages conseils afin de savoir quand vous marier et avec qui vous marier.

Souvenez-vous que le sommet de votre beauté et de votre attractivité est éphémère comme une fleur.

Beaucoup de femmes ratent l'occasion de se marier. Elles calculent mal pendant la période de « floraison » de leur vie.

Nous avons tous un stade où nous sommes le (la) plus attrayant(e). C'est donné par Dieu pour une saison et une raison.

7. Comprenez que l'attraction dépend de plusieurs facteurs

Tout le monde que Dieu a créé est beau. Mais cette beauté peut être renforcée par plusieurs facteurs. La beauté dépend de vos cheveux, de votre habillement, de votre maquillage, et même du moment de la journée ou du mois.

Mais si une femme a une longue chevelure, c'est une gloire pour elle…

1 Corinthiens 11:15 (Darby)

La beauté, et par conséquent l'attraction que vous voyez chez une dame peut augmenter ou diminuer en fonction de certaines choses. La robe d'une femme peut lui donner un aspect exceptionnel aujourd'hui. Sa coiffure peut lui faire perdre des points demain. Même l'humeur de la femme affecte son apparence ! Les boutons sont souvent causés par des troubles émotionnels.

La beauté dépend de plusieurs facteurs, donc investissez dans ces facteurs.

L'épouse chrétienne ne doit pas utiliser la grossesse et les bébés comme excuse pour être peu soucieuse de son apparence.

Certains maris ne se soucient même pas de ce à quoi leurs femmes ressemblent ! Mais vous admirez les femmes d'autres personnes à la télévision. En bon mari, vous devez vous préoccuper des vêtements de votre femme parce que son attractivité en dépend.

Beaucoup de jeunes hommes deviennent confus quand il s'agit de l'apparence de leur fiancée. Ils se demandent : « Ai-je choisi une belle fille ? » Ils oscillent dans leurs sentiments à son égard. Ce qui se passe dans ce cas, c'est qu'ils sont désorientés par les variations normales de la beauté et de l'attractivité. Si tout ce que vous recherchez chez une femme, c'est la beauté physique, il est probable que vous vous trompiez.

8. Comprenez que la beauté extérieure dépend de la beauté intérieure

La beauté extérieure dépend de la beauté intérieure. Si vous êtes beau ou belle à l'intérieur, cela se voit à l'extérieur. Parfois je vois des gens et je sais qu'ils ne vont pas bien spirituellement.

J'ai vu deux photos d'une femme qui s'était convertie de la sorcellerie au Christ. Une photo la montrait pratiquant la sorcellerie, et l'autre quand elle avait accepté Christ. C'était deux personnes différentes. Lorsque vous vous portez bien spirituellement, la beauté se voit à l'extérieur.

Proverbes 7:11-27 décrit une femme étrangère qui est très séduisante de l'extérieur, mais très têtue et bruyante. Une telle personne est belle à l'extérieur mais laide dans son caractère et ses émotions. Certaines personnes, en particulier les non-croyants, essayent d'enjoliver leur extérieur alors qu'elles sont tellement dégoutantes à l'intérieur.

Jeunes hommes, cherchez la beauté intérieure. La Bible appelle cela « un esprit doux et paisible ».

Un jour, une belle femme a menacé de frapper son mari en public. Elle était vraiment belle à l'extérieur, mais une tigresse à l'intérieur.

Jeunes hommes, ne soyez pas impressionnés par ce que vous voyez à l'extérieur. Cherchez la beauté intérieure. En dépit du fait que ma femme est *physiquement* belle pour moi, j'ai vu quelque chose à *l'intérieur* d'elle qui m'a attiré, la beauté intérieure. Quand une personne a un bon esprit et un bon cœur, cela s'ajoute à sa beauté.

9. Comprenez que la beauté est donnée en portions

Jouis de la vie avec la femme que tu aimes, pendant tous les jours de ta vie de vanité… car c'est ta part...
Ecclésiaste 9:9

Vous devez comprendre que la beauté vient en portions. Tout le monde a une partie, mais personne ne les a toutes. Votre portion est celle à laquelle vous avez droit. Votre portion comprendra certaines choses, mais pas toutes. Vous ne pouvez pas avoir une femme noire et une femme blanche en une seule personne. Votre femme peut être une excellente cuisinière, mais elle pourrait ne pas être une bonne hôtesse quand vos amis viennent à la maison.

C'est votre portion, et Dieu s'attend à ce que vous vous en contentiez.

Vous pourriez peut-être connaître la femme d'un ami qui est très bonne quand les visiteurs viennent à la maison. Vous pourriez admirer la façon dont elle reçoit, discute et parle avec les invités. Vous pourriez apprécier sa confiance et l'étendue de ses connaissances sur les questions politiques. Mais vous pourriez aussi constater qu'elle ne sait pas bien faire la cuisine. Ses ragoûts pourraient être comme des soupes, et ses soupes comme des ragoûts ! Mais Dieu attend que vous soyez satisfait de votre femme, y compris avec ses points faibles. Soyez satisfait !

Peu importe l'ardeur de vos recherches, vous verrez que votre portion a ses points forts et ses points faibles.

La Bible vous dit de profiter de la vie et de votre portion. Vous ne pouvez pas tout avoir. Alors acceptez votre portion et profitez-en, parce que Dieu a voulu qu'il en soit ainsi.

Ne cherchez pas la portion de quelqu'un d'autre, parce que chacun a droit à une seule portion. Un homme, une femme. Rappelez-vous l'histoire dans la Genèse :

L'Eternel Dieu dit : Il n'est pas bon que l'homme soit seul ; je lui ferai une aide semblable à lui.

Genèses 2:18

Adam avait une seule portion, Eve, et non plusieurs Eve. Adam n'avait pas Rose, Rosemonde, Rosaline, Rose-Marie, ou Rose-Anne. Il avait seulement Eve.

Vous n'êtes pas autorisé à avoir deux portions. Quand vous allez à une fête et que de la nourriture vous a été servie, vous pourriez vous rendre compte que votre portion de riz est plus grande que celle de votre voisin. Mais si vous observez attentivement, vous verrez que le morceau de poulet de votre voisin est plus gros que le vôtre.

N'osez pas tendre votre main pour prendre la portion de poulet de votre voisin, parce que vous avez la vôtre.

Vous devez apprendre à vous contenter de la portion que Dieu vous a donnée.

10. Comprenez que la spiritualité est préférable à la beauté

… la beauté est vaine ; La femme qui craint l'Éternel est celle qui sera louée.

Proverbes 31:30

La Bible compare une belle femme avec une femme qui craint le Seigneur. Si jamais vous aviez à choisir entre la beauté et la spiritualité, choisissez la spiritualité.

Votre portion peut ne pas être aussi belle, mais elle est très spirituelle. Votre femme pourrait avoir certaines caractéristiques divines. Choisissez cela ! Si jamais vous êtes confronté à une telle décision, n'hésitez pas à choisir la femme pieuse, parce que c'est la femme qui craint le Seigneur qui sera louée.

Une fois que vous serez marié, vous confirmerez le fait que la beauté vient toujours après la piété.

La personne spirituelle qui connait et craint Dieu deviendra à vos yeux de plus en plus séduisante au fil des années.

La beauté a très peu à offrir, mis à part de ce que vous voyez. Mais la personne spirituelle a sa fidélité, son caractère, et de la piété à vous offrir.

Vous pourriez ne pas le croire, mais il suffit de demander à ceux qui sont allés un peu plus loin sur la route : « Lequel est le plus important ? »

La beauté ou le caractère ?

La beauté ou la spiritualité ?

La beauté ou l'intégrité ?

Si votre femme ne prie pas, vous êtes en difficulté.

Trouvez une femme qui prie. Trouvez une femme qui est profondément dans les choses de Dieu. Si vous vous mariez à une femme cupide, égoïste et paresseuse, vous vous surprendrez à vivre en enfer. Vous allez souffrir, non pas parce qu'elle n'est pas belle à l'extérieur, mais parce qu'elle est intérieurement laide.

Une personne qui est laide à l'intérieur, mais belle à l'extérieur, peut être comparée à un cimetière. Un cimetière est bien décoré avec des fleurs, mais si vous vous approchez et que vous grattez la surface, vous verrez des ossements de morts et des dents qui sortent.

Une femme sans caractère divin paraît bien de l'extérieur, mais allez un peu plus loin et vous trouverez une personne colérique, paresseuse et diabolique. Soyez prudent, mon frère. Optez pour la personne spirituelle.

Chapitre 10

Dangers d'une double vie

Malheur à vous, scribes et pharisiens hypocrites ! Parce que vous ressemblez à des sépulcres blanchis, qui paraissent beaux au dehors, et qui, au dedans, sont pleins d'ossements de morts et de toute espèce d'impuretés.

Matthieu 23:27

La dualité est pratiquée par les gens qui ont reçu le Christ mais ne changent pas complètement. Ils ne permettent pas à leur conversion d'affecter leurs vies.

La dualité est le fait de vivre une vie avec double standards. C'est le fait d'avoir deux personnalités ou deux natures logées en une personne.

Vous pratiquez la dualité lorsque vous avez un style de vie en public et un autre en privée. Ceci arrive quand vous n'êtes pas disposé à faire des sacrifices et vivre pour Jésus-Christ.

La dualité est l'esprit d'hypocrisie, l'esprit de mensonge et l'esprit de tromperie de soi.

L'une des plus grandes formes de tromperie est la tromperie de soi. Quand vous êtes un insensé et que vous ne savez pas que vous l'êtes, votre situation est pire que celle de celui qui sait qu'il est insensé !

Souvent, quand je conseille les gens et parviens à leur faire comprendre le problème qu'ils traversent, le plus gros du travail est déjà fait. Quand les médecins peuvent diagnostiquer les maladies des patients, quatre vingt pour cent de leur travail est déjà fait.

La tromperie de soi est très dangereuse et vient avec les mensonges à répétition. Quand vous mentez consciemment et continuellement, vous commencez à croire aux mensonges.

La tromperie de soi arrive quand vous faites quelque chose d'incorrect, mais de manière continuelle vous vous dites que vous faites bien.

Finalement, lorsque vous commettrez le péché, vous croirez que vous faites le bien. Vous l'avez fait de si nombreuses fois et pendant si longtemps que vous vous êtes persuadé que c'est la bonne chose à faire.

Pendant les années sombres du nazisme en Allemagne, les Nazis se sont persuadés que tuer les Juifs était bien. À tel point qu'ils croyaient que les Allemands étaient vraiment une race spéciale supérieure à toute autre race. Ils pensaient aussi que tous leurs problèmes étaient causés par les Juifs.

Puis ils ont mis sur pied ce qu'ils ont appelé LA SOLUTION FINALE : comment résoudre le problème juif. Ils y ont cru, l'ont prêché, l'ont enseigné dans les écoles et ont progressivement éliminé autant de Juifs que possible. Ils ont dû y croire de tout leur cœur, parce qu'ils ont tué les Juifs de manière systématique. Ils ont tué des millions de personnes.

Malheureusement, il y a beaucoup de Chrétiens qui sont deux personnes en une. Il y a quelques années j'étais musicien et me déplaçais avec de nombreux autres musiciens. Beaucoup d'entre eux avaient deux personnalités.

Quand ils se tenaient sur scène, ils chantaient des chansons comme, « *Amazing Grace ; I love you Lord* » , et bien d'autres belles chansons. Mais si vous les rencontriez hors-scène, leur vie était toute autre chose. A un moment donné, je n'étais plus impressionné par aucun chanteur de gospel.

Il y a beaucoup de chanteurs et choristes qui chantent merveilleusement, mais ont une vie privé malsaine. Ils ont deux vies ! Une vie est mise en évidence quand ils chantent et élèvent la voix vers le Seigneur. L'autre vie est dépeinte quand ils sont hors de la scène. En effet, certains de ces chanteurs peuvent même vous donner envie de pleurer. Mais alors, quand vous vous rapprochez, vous vous demandez s'ils sont même chrétiens.

Votre vie sur scène doit être conforme à votre vie privée. Si quelqu'un vient vivre avec vous, il (elle) doit découvrir que votre caractère sur scène est le même que celui à la maison.

Les pasteurs peuvent facilement avoir une double vie. Certains ministres devraient même avertir la congrégation de ne pas copier leur style de vie !

Certains ministres disent à leurs congrégations, « Faites ce que je dis, mais ne faites pas ce que je fais. » Quel choc !

Chapitre 11

Dix types de dualités

Vous de même, au dehors, vous paraissez justes aux hommes, mais, au dedans, vous êtes pleins d'hypocrisie et d'iniquité.

Matthieu 23: 28

I l y a plusieurs façons dont les gens pratiquent la dualité. Les plus fortes réprimandes de Jésus étaient à ceux qui pratiquaient cette forme particulière de tromperie. C'est un mal particulier que nous devons tous combattre. Dans ce chapitre, je voudrais que vous étudiiez les différentes façons dont ce mal peut se glisser dans votre vie.

1. Séparé et sous un joug étranger

C'est pourquoi, Sortez du milieu d'eux, Et séparez-vous, dit le Seigneur ; Ne touchez pas à ce qui est impur, Et je vous accueillerai.

Je serai pour vous un père, Et vous serez pour moi des fils et des filles, Dit le Seigneur tout puissant.

2 Corinthiens 6:17,18

Samson était un parfait exemple de quelqu'un ayant une double vie. Son double comportement était classique et chaque Chrétien peut apprendre quelque chose de son histoire.

Il avait un côté religieux, incarné par le fait qu'il ne se coupait jamais les cheveux. Pourtant, il était sous le joug étranger des choses du monde.

Il y a des Chrétiens qui semblent séparés du monde, mais vivent encore dans le péché.

La vie de Samson était séparée du monde, pourtant il était entremêlé dans le monde.

Il était séparé parce qu'il était un Nazaréen — c'est-à-dire quelqu'un qui ne devait pas vivre comme le reste des gens. Il était unique, dans le sens où il ne devait pas boire ni se couper les cheveux. Il ne se coupait pas les cheveux, et c'était un signe de sa consécration à Dieu. Tous les gens autour de lui pensaient qu'il n'avait rien à voir avec le monde. C'était un signe visible par tout le monde que Samson était un Nazaréen, séparé pour Dieu. Il ne buvait jamais, et tout le monde le connaissait ainsi.

Toutefois, dans le même temps, il voulait avoir une femme non croyante (Juges 14:2-3). C'était un homme oint de Dieu, mais il voulait jouer avec les plaisirs mondains.

Et il y a beaucoup de gens qui font cela aujourd'hui. Beaucoup d'entre nous, les pasteurs, avons deux personnalités et deux vies. Il y a aussi de nombreux membres de l'église qui ont deux personnalités.

Il y a la personnalité qui est affichée quand ils franchissent la porte de l'église : plus saints que tout le monde. Une fois qu'ils sortent de l'église et sont dans leurs maisons ou bureaux, ils adoptent des vies différentes.

Certains d'entre vous qui lisent ce livre sont comme ça. Vous êtes dans l'église et vous prétendez être né de nouveau. Vos amis pensent que vous êtes un croyant, mais d'un autre côté, vous jouez avec le monde. Vos meilleurs amis sont des non-croyants, vous rendant semblable à Samson.

Vous êtes dans une église dites née de nouveau où vous entendez encore et encore, des sermons qui changent des vies, et pourtant, vos meilleurs amis sont des non-croyants.

Si vos amis à l'école et au travail sont ouvertement déclarés non chrétiens, vous avez un gros problème !

Je me souviens quand un non-croyant se vantait : « Tous les dimanches, je me tape une fille de ces églises nées de nouveau. Il me suffit de passer par le carrefour après l'église, le dimanche, et proposer à l'une d'elles de la déposer, et j'aurai une fille avec qui passer la nuit ».

Samson a également joué avec Dieu. Il portait des cheveux longs, ce qui était le signe qu'il était membre d'une église chrétienne, mais il était toujours plongé dans la fornication avec le monde. Apparemment séparé, mais aussi avec le monde.

J'imagine Samson avec ses longs cheveux marchant en ville. Tout le monde savait que cela signifiait qu'il était un homme oint de Dieu, séparé pour Dieu, marchant dans les voies de Dieu et membre de l'église. Toutefois, il a voulu épouser une non-croyante.

Quand il a dit à son père celle qu'il voulait épouser, il lui demanda : « N'y a-t-il aucune femme en Israël que tu peux épouser ? »

Samson répondit : « Oh, non, cette jeune fille non croyante est celle que je veux. »

Comment pouvez-vous penser à épouser une personne complètement étrangère lorsque vous savez que vous êtes un croyant séparé pour Dieu ?

2. Spirituel et charnel

> Car l'affection de la chair est inimitié contre Dieu, parce qu'elle ne se soumet pas à la loi de Dieu, et qu'elle ne le peut même pas
>
> Romains 8:7

Samson était un homme spirituel, et pourtant il était charnel. À certains moments, il donnait l'impression qu'il était très spirituel. À d'autres moments, il était surprenant de voir combien il pouvait être charnel.

Vous vous demandez si ce sentiment charnel et cette spiritualité peuvent être une seule personne.

> ... l'esprit de l'ÉTERNEL commença à l'agiter...
>
> Juges 13:25

L'Esprit de Dieu était sur l'homme, et pourtant, il était charnel. Il était si spirituel qu'il fut le chef spirituel d'Israël pendant vingt ans ! Cependant, nous nous rendons compte qu'il avait un problème avec les femmes : il était un playboy, bien qu'il avait l'Esprit de Dieu.

Je me souviens d'un homme de Dieu qui avait l'habitude de jouer à ce genre de jeu. C'était un prédicateur puissant, et j'étais vraiment ému à chaque fois qu'il exerçait son ministère. Pourtant, cet homme jouait également avec beaucoup de femmes dans son église.

Un jour, alors qu'il forniquait avec l'une des femmes, elle lui demanda : « Alors, après avoir fait cela avec moi, comment allez-vous être en mesure de prêcher demain ? »

Il répondit : « Quand je pèche ainsi, l'onction vient davantage. »

Il y a des gens qui commettent des péchés divers juste avant d'aller à l'église. Et vraiment, cela ne fait aucune différence pour eux. Ces personnes peuvent même être les plus expressives dans l'église. Elles sont spirituelles, et en même temps charnelles.

Regardez Samson, il aimait la compagnie des prostituées. Il couchait avec les femmes les unes après les autres. Il a fait tout cela en dépit du fait que l'Esprit de Dieu était sur lui. Pendant vingt années, il a été dans le ministère, et pourtant il a été en proie à ces problèmes !

3. Puissant et faible

Si votre pasteur sait que vous êtes faible, il peut prier pour vous, mais si vous prétendez être fort, comment peut-il savoir que vous avez besoin d'aide ?

Si vous êtes faible, mais prétendez être fort, vous empêchez votre propre délivrance. Vous cachez ce qui a besoin d'aide. Lorsque vous paraissez fort, même si vous êtes faible, personne ne peut vous aider.

En tant que pasteur, j'ai été amené à constater qu'il y a des gens à qui je n'ai pas particulièrement besoin de rendre visite, parce qu'ils sont forts ! Mais parfois il y a une personne faible, et je dois m'y dépêcher, car elle a besoin d'attention. Quand vous paraissez fort comme Samson, vous ne bénéficierez d'aucune attention.

Samson était puissant dans le ministère, tuant par milliers. En même temps, il était un homme faible quand il s'agissait de sa vie privée. Il était puissant publiquement, mais le contraire en privé.

Dans le livre des Juges, nous voyons comment Samson porta les portes de la ville sur ses épaules. Quel homme puissant ! Sur ce plan, il n'était pas faible. Il était si puissant qu'il tua un millier de personnes avec un os de mâchoire. Cependant, il a permis à Delila de profiter de lui. Elle est venue à bout de l'homme puissant, car il était aussi un homme faible !

Les Philistins reconnurent cette faiblesse aussi, et en firent usage pour finalement renverser Samson.

Êtes-vous à la fois puissant et faible ? Mon frère, s'il vous plait, ne soyez pas à la fois puissant et faible.

De nombreux fonctionnaires sont comme ça. Dans leur vie publique, ils ont l'air si dignes et si respectables. Quand ils sont interviewés à la télévision, ils paraissent tellement puissants, mais dans leur vie privée, ils sont moralement faibles.

4. Désagréable et agréable

> Vous de même, au dehors, vous paraissez justes aux hommes, mais, au dedans, vous êtes pleins d'hypocrisie et d'iniquité.

Matthieu 23:28

Il y a des gens qui sont très agréables quand ils sont en public, mais désagréables quand ils sont à la maison. Leurs conjoints et enfants savent qu'ils sont très impatients et violents, mais ceux de l'extérieur les voient comme des personnes les plus agréables sur terre.

Il y a des gens qui se plaignent que leur conjointe respecte les pasteurs plus que leur mari. Ils ne peuvent que constater l'humilité et la gentillesse que leur épouse réserve à leurs pasteurs et aux étrangers.

Ces gens ont deux natures différentes : la nature désagréable, qu'ils affichent en privé (généralement ceux qui sont proches d'eux en font les frais), et la nature agréable qu'ils affichent en public.

Étonnamment, certaines des personnes les plus agréables sont également les plus désagréables. Peut-être que c'est un réflexe de camoufler leur méchanceté à la maison. Ce genre de personnes prend des précautions supplémentaires pour paraître belles aux étrangers, en particulier ceux qu'ils rencontrent pour la première fois.

5. Mature et pourtant immature

Afin que nous ne soyons plus des enfants, flottants et emportés à tout vent de doctrine, par la tromperie des hommes, par leur ruse dans les moyens de séduction,

Ephésiens 4:14

Samson fut juge en Israël pendant vingt ans. Il faut de la maturité pour être juge, et pour être capable de diriger un pays pendant tant d'années.

En étudiant la vie de Samson, vous pouvez avoir l'impression qu'il était simplement lascif, courant après les prostituées l'une après l'autre. Toutefois, il a été juge pendant vingt ans. C'est de la maturité dans le ministère.

Samson avait une autre facette de sa personnalité, qui le poussait à se comporter comme un enfant. Dans le livre des Juges, nous apprenons comment il captura trois cents renards et attacha leurs queues en paires. Puis il y mit le feu et les envoya dans des fermes des Philistins. Ce fut la vengeance de Samson envers son beau-père pour avoir donné sa fiancée à son meilleur homme.

Son comportement était enfantin. En effet, il existe des moyens plus simples de brûler une ferme. L'homme était clairement immature dans sa pensée, et pourtant, en même temps, il était un homme très mature qui a présidé Israël.

Il y a beaucoup de Chrétiens comme ça. Leur niveau de compréhension de la Parole de Dieu est excellent, et pourtant ils sont si immatures. Un enfant est très inconstant et instable. Un enfant ne peut pas rester assis au même endroit pendant une longue période. Il y a beaucoup de Chrétiens immatures qui, en dépit de leur connaissance de la Parole de Dieu, ne peuvent pas demeurer dans une seule église. Aujourd'hui, vous les verrez dans cette église, la prochaine fois, vous les trouverez dans une autre église. Ils ne peuvent tout simplement pas se stabiliser. Ils sont inconstants et instables, pourtant ils ont une grande connaissance. Il faut de la maturité pour appartenir à une église.

Un dimanche soir, j'ai capté une émission de débat chrétien (à la radio) sur mon chemin de retour de l'église (j'ai l'habitude de quitter l'église très tard). Cette nuit-là, la discussion portait sur les églises et les pasteurs. Comme j'écoutais la discussion, j'ai apprécié la façon dont les arguments avancés paraissaient sages et matures.

Puis j'ai soudain reconnu la voix de l'un des intervenants. C'était l'un des Chrétiens les plus instables que j'aie jamais connus. Il avait été un membre de mon église, mais avait changé depuis lors pour au moins deux autres églises. Cet homme avait des commentaires si sages à faire sur le comportement des pasteurs et des églises, pourtant il était comme un enfant – incapable d'appartenir à une église pour une longue période. Peut-être en savait-il trop pour appartenir à une quelconque église. Il était mature et pourtant immature.

Une autre caractéristique d'un enfant, c'est qu'il pleure beaucoup. Les enfants se sentent souvent facilement offensés, et ont besoin de beaucoup de temps et d'attention. Dans le cadre de l'église, toute personne qui se comporte ainsi est un enfant.

De telles personnes savent beaucoup des Écritures et ont été chrétiens depuis longtemps, pourtant elles se sentent toujours facilement offensées. Une personne mature ne cherche pas l'attention, mais en donne plutôt.

La maturité est nécessaire dans toutes les facettes de nos vies. Il faut de la maturité pour qu'un homme se stabilise avec l'une des nombreuses et belles femmes qu'il voit autour de lui. C'est pourquoi les gens respectent les hommes mariés. Il faut de la maturité pour se stabiliser. Un enfant ne peut pas se stabiliser. C'est pourquoi un homme qui ne veut pas se stabiliser ne peut pas encore être considéré comme un homme. Il est encore un garçon.

6. Loyal et calomnieux

Les diacres aussi doivent être honnêtes, éloignés de la duplicité...

1 Timothée 3:8

Il y a des gens qui prétendent être loyaux et qui pourtant sont calomnieux. Ils ont deux langues : l'une parle en bien et l'autre en mal.

La Bible décrit la dualité de la langue comme duplicité. Il n'y a qu'un seul animal qui semble avoir deux langues — le serpent !

Il y a quelques années, j'étais à une réunion fraternelle quand le pasteur collecta une deuxième offrande. Je me suis plaint de la collecte de deux offrandes à une sœur assise près de moi. Elle me lança un regard qui me fit me taire. Quand j'ai vu son visage, mon cœur m'a frappé et je me suis aperçu que j'avais dit quelque chose de mal.

Après le service, je suis allé voir le pasteur et je lui ai avoué ce que j'avais dit. Il était très surpris. Tendant ses mains, il m'a dit que Dieu allait se servir de moi.

Mais j'aurais pu me plaindre amèrement de l'homme de Dieu et après lui dire combien j'avais apprécié son sermon.

Il pourrait avoir été impressionné par moi, mais je l'aurais « poignarder dans le dos » , en faisant semblant d'avoir une langue loyale.

Une personne ayant une langue accusatrice est un adepte du diable.

... l'accusateur de nos frères, celui qui les accusait devant notre Dieu jour et nuit.

Apocalypse 12:10

7. Louer avec la bouche, mais se rebeller dans le cœur

Dieu est fatigué de la dualité et de toutes les formes de faux-semblants. Quand les Israélites pratiquaient la dualité, Dieu a été tellement courroucé qu'Il a refusé d'accepter leur sacrifice.

Il demanda :

Qu'ai-je affaire de la multitude de vos sacrifices… Cessez d'apporter de vaines offrandes : J'ai en horreur l'encens… Je ne puis voir…

Esaïe 1:11, 13

Dieu était fatigué de leur hypocrisie et leur a dit qu'Il n'écouterait plus leurs prières, car ils vivaient dans le mal, même s'ils Lui offraient tant de prières.

Dieu dit : « Cela suffit ! Je ne peux pas, et je n'en veux pas. »

Vraiment, il y a beaucoup de Chrétiens qui chantent, lèvent les mains et disent au Seigneur qu'ils L'aiment, — mais ce sont souvent des mots vides.

Beaucoup de femmes se sentent rejetées quand elles se rendent compte que l'homme qui prétendait les aimer avait menti pendant longtemps. Certaines femmes en ont le cœur tellement brisé qu'elles ne peuvent plus croire en la parole de tout homme tout le reste de leur vie.

Dieu ne prend pas à la légère le fait que votre cœur soit éloigné de Lui, mais de l'extérieur vous sembliez l'aimer.

8. Bonté et la méchanceté

La personne double présente à la fois bonté et méchanceté.

... Votre piété est comme la nuée du matin, Comme la rosée qui bientôt se dissipe.

Osée 6:4

La nuée et la rosée du matin sont des choses qui surviennent pendant une courte période, puis disparaissent presque immédiatement. Certaines personnes pourraient reconnaître une personne double comme maléfique. Un autre groupe de personnes sauraient que c'est une très bonne personne.

Si vous alliez à la maison d'une personne vivant une double vie, les membres de sa famille pourraient vous fournir des récits de ses mauvaises actions. Mais si vous alliez chez ses collègues de travail, ils vous parleront de sa bonté et de sa gentillesse.

La bonté d'une telle personne est temporaire et n'est révélée qu'à une poignée de privilégiés. Ceux qui vivent une vie double peuvent paraître bons, mais leur bonté est de courte durée.

9. Plaire aux hommes et plaire à Dieu

Est-il possible de plaire aux hommes et à Dieu ? Paul dit :

... Si je plaisais encore aux hommes, je ne serais pas serviteur de Christ.

Galates 1:10

Selon Paul, s'il plaît aux hommes, il ne peut plaire au Christ. C'est aussi simple que ça ! Il est impossible que vous plaisiez aux hommes et à Dieu en même temps.

Quand j'ai répondu à l'appel de Dieu, j'ai déplu à mes parents. Pensez-y !

Vous avez envoyé votre enfant à l'école et il acquiert les compétences nécessaires pour devenir médecin. Seriez-vous heureux s'il décidait plutôt de devenir pasteur ? Au moment où j'ai pris cette décision, mon église était très petite et peu impressionnante.

Si vous voulez plaire aux hommes, vous ne serez jamais un serviteur de Christ. Pour éviter de vivre une double vie, vous devez parfois aller à l'encontre de l'opinion des hommes, et n'obéir qu'à Dieu. Si vos parents veulent vous marier à un non-croyant simplement parce qu'il est riche, vous devrez aller à l'encontre de leur désir, car la Bible nous recommande de ne pas nous marier avec des non-croyants ! Votre famille pourrait ne pas être satisfaite, mais Dieu sera fier de vous.

Vous voulez plaire aux hommes ou plaire à Dieu ?

10.   Impressionnant et peu impressionnant

C'est pourquoi ne jugez de rien avant le temps, jusqu'à ce que vienne le Seigneur, qui mettra en lumière ce qui est caché dans les ténèbres, et qui manifestera les desseins des cœurs. Alors chacun recevra de Dieu la louange qui lui sera due.

1 Corinthiens 4:5

Dieu ne peut pas être berné par notre dualité. Même si nous impressionnons les hommes, Il nous jugera selon la justice. Son jugement sera basé sur les choses que nous avons cachées et que personne ne peut voir. La plupart d'entre nous voulons impressionner les gens. Nous souhaitons que les gens qui nous entourent soient impressionnés par ce que nous possédons, nos voitures, notre apparence, etc. La personne que vous devez chercher à impressionner, c'est Dieu.

La personne qui vit une double vie dira et fera tout son possible pour impressionner ses amis et ceux qui l'entourent.

Parfois, les gens vont jusqu'à contracter des prêts bancaires pour vivre un certain type de vie pour impressionner les amis.

Beaucoup de gens vivent au-dessus de leurs moyens parce qu'ils veulent afficher une certaine image d'eux.

La personne qui vit une double vie peut être considérée comme riche et vivant dans le luxe, alors qu'en réalité, elle vit sur une gloire empruntée.

Bientôt ses créanciers vont la rattraper, et l'image qu'elle a construite autour d'elle va s'écrouler ! C'est alors que les gens qu'elle a trompés seront déçus et peu impressionnés par elle.

Il est bon de se libérer de ce désir constant d'impressionner les autres !

Si j'avais essayé d'impressionner les gens, mon église, Lighthouse Chapel International, n'en serait pas à ce niveau.

J'aurais dépensé notre revenu sur les voitures impressionnantes, des vêtements, un style de vie fastueux, tout pour impressionner ceux de l'extérieur.

Nul besoin d'impressionner qui que ce soit. Avec le temps, les gens sauront qui vous êtes, ce que vous êtes et ce dont vous est fait ! C'est juste une question de temps !

Ne soyez pas impressionnant à l'extérieur et peu impressionnant à l'intérieur.

Les livres de
Dag Heward-Mills

www.ingramcontent.com/pod-product-compliance
Lightning Source LLC
Chambersburg PA
CBHW071827020426
42331CB00007B/1634